# 150 Jahre
# Georg Kropp
## 1865–2015



Kunstverlag Josef Fink

Schriftenreihe des Bauspar-Museums Wüstenrot Band 2

Schriftenreihe des Bauspar-Museums Wüstenrot, Band 2

Herausgegeben von Gisela Ankele, Jutta Hanitsch,
Bernd Hertweck und Christoph Seeger

**Impressum:**
1. Auflage 2017
ISBN 978-3-95976-071-3


88161 Lindenberg im Allgäu
www.kunstverlag-fink.de

**Gestaltung**
grafikbüro brandner, Leutkirch im Allgäu
**Bildbearbeitung**
Camscan, Stiefenhofen
**Druck**
Holzer Druck und Medien, Weiler im Allgäu

**Bibliografische Information der Deutschen Nationalbibliothek**
Die Deutsche Bibliothek verzeichnet diese Publikation in der Deutschen Nationalbibliografie; detaillierte bibliografische Daten sind im Internet über >http://dnb.d-nb.de< abrufbar.

# Inhalt

Georg Kropp (1865–1943), Gründer des deutschen Bausparwesens, Foto um 1940

## Das Vermächtnis von Georg Kropp ist bis heute spürbar

Geleitwort von Dr. Alexander Erdland,
Vorstandsvorsitzender der Wüstenrot & Württembergische AG

Der vorliegende Band 2 der Schriftenreihe des Bauspar-Museums Wüstenrot ist der Persönlichkeit gewidmet, die das kollektive Bausparen in Deutschland nicht nur erfunden, sondern auch in die Tat umgesetzt hat: Georg Kropp. Das Buch enthält den Wortlaut der drei Vorträge, die anlässlich der Festveranstaltung in Ludwigsburg zum 150. Geburtstag Georg Kropps am 1. Dezember 2015 gehalten wurden.

Gern folge ich der Einladung, dieser Festschrift einige Hinweise zum Vermächtnis dieses Mannes mit auf den Weg zu geben. Drei Vorträge – drei Themen: Das Leben Georg Kropps, die Bedeutung des Bausparens und das Wirken der Wüstenrot Stiftung. Ich möchte hier – in aller gebotenen Kürze – ein paar Gedanken hinzufügen, inwieweit das Erbe Georg Kropps in der heutigen Wüstenrot & Württembergische-Gruppe (W&W) nachwirkt.

In der weiteren Folge der Fusion von Wüstenrot und Württembergische im Jahr 1999 ist die Finanzdienstleistungsgruppe in zwei gleichwertige Geschäftsbereiche gegliedert worden: BausparBank und Versicherungen. Das Zusammenwachsen beider Unternehmensteile unter dem einigenden Zielbild, Vorsorge-Spezialist für die finanziellen Belange von rund sechs Millionen Kunden zu sein, wurde Schritt für Schritt vorangetrieben.

Im Zuge der umfassenden Neuaufstellung der W&W-Gruppe ist deren wirtschaftliche Stärke und Solidität, deren Attraktivität für Mitarbeiterinnen und Mitarbeiter und vor allem deren Ausrichtung auf die Wünsche ihrer Kunden forciert worden. Heute haben Wüstenrot und Württembergische über ihre Vertriebswege und Kooperationspartner örtlichen Zugang zu 40 Millionen Menschen. Die digitale Kommunikation und Vernetzung verstärkt das Kontaktnetz. Und mit dem Bau des neuen Firmen-Campus wird sichtbar, dass die W&W-Gruppe an eine erfolgreiche Zukunft glaubt. Kurz: Die W&W-Gruppe ist zu einer festen Größe in der deutschen Finanzwirtschaft geworden – und will diese Stellung behaupten.

Wenn man heute dem Kropp'schen Erbe beim Vorsorge-Spezialisten W&W nachspürt, wird man im Geschäftsbereich BausparBank beginnen. Denn dort sind die wesentlichen Unternehmen der früheren Wüstenrot-Gruppe enthalten: die Bausparkasse, die Bank, die Haus- und Städtebau und die Immobiliengesellschaft. Dass die Bausparkasse das Kropp'sche Erbe dabei am stärksten verkörpert, leuchtet unmittelbar ein. Sie ist das älteste Institut dieser Art in Deutschland und hat seit nahezu 100 Jahren Millionen von Kunden über Bausparverträge zu einem Eigenheim oder dessen Modernisierung und Sanierung verholfen. Wüstenrot hat bewiesen, dass das kollektive Ansparen von Baugeldern gegenüber Krisen resistent und zeitgemäß ist. Dass sich die Angebote und Leistungen gewandelt haben, liegt auf der Hand. Wenn sich heute das Bausparen wieder stärker auf wohnwirtschaftliche Zwecke ausrichtet, kehrt es als Wohnsparen zu seinen Wurzeln zurück: Bereits Georg Kropp engagierte sich für die eigentumslosen Wohnungssuchenden des frühen 20. Jahrhunderts.

Doch auch die Versicherungen der Württembergischen, die neben der BausparBank das zweite Standbein der W&W-Gruppe bilden, sind der Wohnimmobilie eng verbunden. Sie vergeben Hypothekendarlehen in beachtlicher Höhe und bieten Versicherungen rund um die Immobilie an, um das Gebäude außen und innen etwa gegen Unwetter, Feuer oder Einbruch abzusichern. Insgesamt bildet das Wohneigentum ein wichtiges Element privater Vorsorge, zu dem im Rahmen des Selbstverständnisses als „Vorsorge-Spezialist"

Historische Hausplaketten der Bausparkasse GdF Wüstenrot und der Württembergischen Feuer-Versicherung

Georg Wechßler (1795–1839), Gründer der Württembergischen Feuerversicherungsanstalt

die weiteren Bausteine Absicherung, Risikoschutz und Vermögensbildung zählen. Die W&W-Gruppe liefert den Menschen damit ein Vorsorge-Spektrum aus einer Hand, das in dieser Form in Deutschland einmalig ist und die Grundphilosophie Georg Kropps logisch und zeitgemäß erweitert.
Betrachtet man das historische Erbe der heutigen W&W-Gruppe umfassender, zeigt sich, dass Wüstenrot (gegründet 1921 von Georg Kropp) und Württembergische (seit 1828 nach Gründung durch Georg Wechssler aktiv) aus einer sehr ähnlichen Idee heraus entstanden sind. Dasselbe gilt für die 1833 gegründete ARA, die erste Rentenversicherung Deutschlands, sowie wie für die Leonberger Bausparkasse und Karlsruher Versicherungen. Alle Unternehmen sind heute Teil der W&W-Gruppe. Und alle wollten von Beginn an Menschen mittlerer und unterer Einkommensschichten helfen, Wohlstand zu schaffen und Wohlstand zu schützen und zu erhalten. Die Wurzeln der W&W-Gruppe von Wüstenrot und Württembergischer basieren damit auf der Idee des sozialen Unternehmertums. Die Gründerväter fanden Antworten auf drängende soziale Fragen, indem sie Wege zu Eigenverantwortung und Solidarität eröffneten. Ihr Lebenswerk hat in der W&W-Gruppe damit eine überzeugte und überzeugende Fortführung gefunden.

Historisches Werbeplakat der Leonberger Bausparkasse, um 1950

LEONBERGER BAUSPARKASSE
an der Wende der Wohnungsnot
geduldet
im OBDACH
willkommen
IN DER NEU-WOHNUNG
DURCH WOHNSPAREN
LEONBERGER
glücklich
im EIGENHEIM
DURCH BAUSPAREN

# Georg Kropp,
# Erfinder eines nachhaltigen Erfolgsmodells

Ansprache von Joachim E. Schielke,
Vorstandsvorsitzender der Wüstenrot Stiftung

Sehr geehrter Herr Hertweck, vielen Dank für die freundliche Begrüßung. Im Namen des Vorstands der Wüstenrot Stiftung begrüße ich alle Anwesenden sehr herzlich.

Meine sehr geehrten Damen und Herren, wir begehen heute den 150. Geburtstag von Georg Kropp, dem Mann, der mit seiner Idee des Bausparens die Daseinsfürsorge in Deutschland um einen sehr wichtigen Baustein bereichert hat.
Er wurde 1865 in eine Zeit des Umbruchs geboren, als die industrielle Revolution volle Fahrt aufnahm: Ein guter Indikator dafür ist die Steinkohleförderung, die sich in den zehn Jahren vor Kropps Geburt in Preußen um annähernd 150 Prozent steigerte, von ca. 10.000 Tonnen auf fast 25.000 Tonnen. Mit dieser grundlegenden Umwandlung der Ökonomie gingen nicht minder einschneidende Veränderungen der Gesellschaft einher. Besonders die in den Städten immer größer werdende Klasse des Industrieproletariats stellte die damalige Gesellschaft vor nicht geringe Probleme: Armut, mangelnde Ernährung und Unterkünfte, die weder hinsichtlich des rein quantitativen Angebots noch in Bezug auf hygienische Bedingungen den Anforderungen genügten.
Schon seit den zehner Jahren des 19. Jahrhunderts suchte man in der westlichen Welt, in Europa und Nordamerika nach neuen Lösungen zur Bekämpfung der Armut. Mit dem Ende des Ancien Régime waren die im alten Europa gut funktionierenden Sozialeinrichtungen verschwunden: Das Vermögen von Kirchen, Klöstern

und kommunalen Stiftungen war verstaatlicht worden. Die kommunalen Verwaltungen, die diese Aufgabe gut kannten, waren für das Sozialwesen nicht mehr zuständig.
In Nordamerika hatte man in dieser Zeit mit den Folgen von Missernten und den stetig wachsenden Einwandererströmen aus dem ebenfalls unter Hunger und Not leidenden Europa zu kämpfen. In New York, der Stadt, die unter der Last tausender von mittellosen Neubürgern ächzte, wurde 1817 die „Society for the Prevention of Pauperism", kurz S.P.P. genannt, gegründet. Die S.P.P. wurde binnen kürzester Zeit für die internationale Armenfürsorge vorbildgebend. Was war ihr Erfolgsrezept?
Die amerikanische Gesellschaft stellte die Armenpolitik auf eine neue Grundlage: Statt Bedürftige mit Lebensmitteln, Brennholz etc. zu versorgen, setzte man auf die „moralische Besserung" der Armen. Mit Bildung und Ausbildung, mit der Erziehung zu Fleiß und Sparsamkeit wollte man diesen Menschen Wege aus der Misere aufzeigen.
Dabei spielte die Aufklärung über die körperlichen wie moralischen Gefahren des Alkoholmissbrauchs eine wichtige Rolle. Aber auch sehr praktische Maßnahmen wurden getroffen, wie 1819 die Gründung einer „saving bank", einer der ersten Sparkassen Nordamerikas.
Nach dem Beispiel der S.P.P. entstanden in den USA und auch in Europa im 19. Jahrhundert vielerorts Sozialvereine, die „Hilfe zur Selbsthilfe" anboten und zum Teil auch heute noch bestehen. So beispielsweise der 1851 gegründete Verein der „Guttempler", der sich für ein alkoholabstinentes Leben, für Brüderlichkeit und Frieden einsetzt – und dessen Mitglied auch Georg Kropp war. Es gab einen interessanten Austausch zwischen den Sozialvereinen verschiedener Länder und Kontinente. Vortragsreisen wurden organisiert oder Erfahrungsberichte übersetzt und publiziert.

Die Industrie – und mit ihr die Städte – wuchs in Georg Kropps erster Lebenshälfte rasant, ohne dass die damit einhergehenden Probleme, die Not und das Elend vieler Menschen gelöst worden wären. Vor diesem Hintergrund konstituierten sich die sogenannten „Lebensreformbewegungen“, die in verschiedensten Bereichen des Lebens nach neuen Wegen suchten: Gesunde Ernährungskonzepte wie auch der Vegetarismus wurden entwickelt. Sport und Bewegung an der frischen Luft oder die Abstinenz von Tabak und Alkohol wurden empfohlen. Naturschutz und Heimatpflege etablierten sich. Die „Deutsche Gartenstadtgesellschaft“ beispielsweise propagierte ein Leben mit „Licht, Luft und Sonne“ im Grünen als Gegenentwurf zum Leben in der „ungesunden“ und „lasterhaften“ Großstadt. In England gab es bereits seit Mitte des 19. Jahrhunderts die „Arts and Crafts“-Bewegung, die im Zeitalter der maschinellen Produktion eine Rückbesinnung auf das Handwerk und die natürliche Schönheit des Materials forderte. 1907 taten sich Architekten, Designer, Handwerksbetriebe und Industrieunternehmen für eine besser gestaltete Umwelt zusammen und gründeten den „Deutschen Werkbund“.
Wichtiger Baustein vieler dieser Reformbewegungen war die gemeinschaftliche Initiative, die im Bund der Gleichgesinnten die jeweiligen Interessen und Ziele verfolgte. Georg Kropp setzte sich mit den verschiedensten sozialreformerischen Konzepten und Strömungen auseinander und wurde auch in diesem Sinne publizistisch tätig.
Offensichtlich jedoch hat Kropp die Anstrengungen der Reformbewegungen nicht nur verfolgt, sondern ist selbst aktiv geworden. Bereits 1912 hatte er die Idee eines „Zwecksparsystems“ entwickelt. Doch brauchte es einige Anläufe, bis sich Kropps Idee mit der Gründung der Bausparkasse „Gemeinschaft der Freunde“ ab 1923 dann dauerhaft realisieren ließ. Damit hatte er ein Erfolgsmodell der Daseinsfürsorge kreiert. Zu sagen, der Verein habe sich „dyna-

misch“ entwickelt, wäre ein Understatement. Bereits 1925 waren über 10.000 Bausparverträge geschlossen worden; der Verein benötigte für die Bewältigung der vielen Anträge nun mehr als 70 Mitarbeiter. Und das Erfolgsmodell wurde fleißig kopiert: Bis Anfang der dreißiger Jahre wurden etwa 400 Bausparkassen gegründet.

Nach dem Zweiten Weltkrieg erfuhr das Bausparen einen erneuten Aufschwung. Dies lag nicht allein an den Erfordernissen des Wiederaufbaus angesichts der zerstörten Städte oder an den elf Millionen Flüchtlingen, die bis 1948 ihre Heimat verlassen mussten und dringend Wohnungen benötigten. Auch die Mentalität der Sparer hatte sich gewandelt. Die Erfahrungen von zwei Inflationen ließen die Investition in sachgebundenes Sparen sehr attraktiv erscheinen. Dazu kamen die staatlichen Förderungen des Bauens und die Unterstützung des Bausparens.

Und schließlich rückte mit dem Aufkommen von Eigentumswohnungen, eine damals in Deutschland neue Form des Wohneigentums, das eigene Heim für viele Menschen in den Bereich des Möglichen.

Bei der „Gemeinschaft der Freunde Wüstenrot“ (GdF) wurden 1946 über 14.000 Bausparverträge abgeschlossen, 1947 waren es bereits mehr als 16.000. Die GdF erreichte Ende der fünfziger Jahre die höchste Zuwachsrate aller privaten Bausparkassen. Der Marktanteil am Neugeschäft stieg auf über 42 Prozent. 1960 wies das Unternehmen eine Bilanzsumme von 2,6 Milliarden DM auf. Goldene Zeiten!

Während die Bausparkasse sich zu einem modernen Finanzbetrieb entwickelte und Töchter wie die „Hausbau Wüstenrot“ oder die „Wüstenrot Bank“ gegründet wurden, blieb der Gründungsverein bestehen und auch in der Unternehmensführung aktiv. Dies sollte sich 1990 ändern. Der Verein wurde umbenannt in „Wüstenrot Stiftung. Gemeinschaft der Freunde Deutscher Eigenheimverein

e.V." und sollte von nun an den sozialreformerischen, dem Gemeinwohl verpflichteten Geist der Gründerjahre pflegen, indem er – wie es in der Satzung heißt – „ausschließlich und unmittelbar gemeinnützige und mildtätige Zwecke" verfolgt.
Über die Wüstenrot Holding AG ist die Stiftung Mehrheitseigner der Wüstenrot & Württembergische AG, muss sich aber, um die steuerliche Gemeinnützigkeit zu wahren, jeglicher operativer Beteiligung enthalten. Mit etwa 70 Prozent ihrer Mittel initiiert, konzipiert und realisiert sie eigene Stiftungsprojekte. Mit den verbleibenden 30 Prozent fördert sie herausragende Ideen und Projekte anderer Institutionen.
Die Wüstenrot Stiftung engagiert sich seit ihrer Gründung auf vielfältige Weise für den Erhalt von bedeutenden Kulturwerten aus den verschiedensten Gebieten. Im Rahmen ihres Denkmalprogramms hat die Stiftung für den Erhalt historisch wie architektonisch so bedeutender Bauwerke wie Erich Mendelsohns Einsteinturm bei Potsdam, das Le Corbusier-Haus in der Stuttgarter Weißenhof-Siedlung oder den einstigen Kanzlerbungalow von Sep Ruf in Bonn gesorgt. Derzeit kümmern wir uns – um nur zwei Beispiele zu nennen – um die denkmalgerechte Sanierung des Umlauftanks von Ludwig Leo auf der Schleuseninsel am Berliner Zoo sowie um die Kapelle und die Betonwaben der Berliner Kaiser-Wilhelm-Gedächtnis-Kirche von Egon Eiermann.
Auf dem Feld der Literatur „retten" wir gemeinsam mit der Deutschen Akademie für Sprache und Dichtung vom Vergessen bedrohte Werke. In der 2008 gegründeten Editionsreihe sind bereits sieben Ausgaben erschienen. Der Clou dabei ist, dass zeitgenössische Schriftstellerinnen und Schriftsteller sozusagen ‚die Patenschaft' für eine Ausgabe übernehmen. Vor wenigen Wochen hatte die jüngste Ausgabe, die „Lebenserinnerungen" von Carl Schurz mit dem ‚Paten' Uwe Timm, im Stuttgarter Literaturhaus Premiere. Auch unterstützt die Stiftung Institutionen wie beispielsweise das

Kunstmuseum Stuttgart bei der Restaurierung seiner Bestände oder bei Ankäufen – so wie jüngst geschehen beim Erwerb des berühmten Selbstportraits von Otto Dix, „Selbstbildnis mit Palette vor rotem Vorhang“ (1942).
Ein weiteres Anliegen der Stiftung ist die wissenschaftliche Arbeit in den Bereichen Baukultur, Wohnen und Stadtentwicklung sowie die Erforschung der Chancen und Gefahren des demografischen Wandels in Bezug auf verschiedene Altersgruppen und deren Wohn-, Arbeits- und Freizeitverhältnisse in den Städten und im ländlichen Raum.
Ebenso stellt die Unterstützung und Herausbildung der Fähigkeiten von Schülern, Studierenden und Berufstätigen vornehmlich in den Themenbereichen Kunst und Kultur, insbesondere der Baukultur und der Fotografie, ein hervorgehobenes Anliegen der Stiftungsarbeit dar.
Die Wüstenrot Stiftung arbeitet interdisziplinär, will praxisorientierte Anstöße geben und Modelle schaffen, Beispiel sein, Nachahmer animieren und damit – ganz im Sinne Georg Kropps und seiner Mitstreiter – positive Veränderungen in den Lebensverhältnissen der Menschen bewirken. Ich danke Ihnen für Ihre Aufmerksamkeit.

# Deutschland ohne Bausparen – Skizze einer Utopie

## 95 Jahre kollektives Vorsparen für Wohneigentum: Bilanz und Ausblick

Bernd Hertweck

Beim vorliegenden Text handelt es sich um eine im Jahr 2016 verfasste Ausarbeitung, die auf den Vortrag im Rahmen des Georg-Kropp-Festaktes am 1. Dezember 2015 aufbaut.

### 1. Wir wagen ein Gedankenexperiment

Am 1. Dezember 2015 feierte die Wüstenrot Bausparkasse ein besonderes Jubiläum: Vor exakt 150 Jahren wurde Georg Kropp, der Begründer des deutschen Bausparwesens, geboren. Im Rahmen dieses Festaktes hielt ich einen Vortrag, in dem ich, mit einem eingebauten Augenzwinkern wohlgemerkt, einmal die Frage stellte, wie denn Deutschland heute ohne Bausparen aussähe. Kurz zusammengefasst in etwa so:

- Etwa jedes zweite Einfamilienhaus wäre ohne Bausparen nicht gebaut worden.
- Damit würde auch jedem zweiten Haushalt mit Wohneigentum ein substanzieller Baustein seiner privaten Altersvorsorge fehlen.
- Insbesondere hätten Millionen Haushalte mit geringeren Einkommen den Schritt in die eigenen vier Wände nicht geschafft.
- Die Möglichkeit, eine Wohnimmobilie sicher und zugleich flexibel zu finanzieren, gäbe es nicht – denn genau hierin liegt bis heute ein ganz zentrales Alleinstellungsmerkmal des Bausparens.
- Ohne das Vorsparprinzip des Bausparens in Kombination mit der pfandbriefbesicherten Hypothekenfinanzierung hätten wir wohl

schon so manche Immobilienmarktkrise mit hunderttausenden vernichteten privaten Existenzen erlebt, wofür es auch diesseits des Atlantiks zahlreiche Länderbeispiele gibt.

- Es gäbe keinen Exportschlager „Bausparen“: Elf weitere Länder wären ohne Bausparen, von Österreich über Tschechien bis China.
- Für die Modernisierung unseres in die Jahre gekommenen Wohngebäudebestands[1] würde uns ein unverzichtbares Finanzierungsinstrument fehlen.

Die Liste ließe sich nach Belieben erweitern. Der wissenschaftlich-analytisch eingestellte Leser wird an dieser Stelle zu Recht Bedenken anmelden, da dies doch alles mehr oder weniger Spekulationen seien. Gegebenenfalls hätten die Menschen ihre Häuser und Wohnungen eben anders finanziert. Dies würde in anderen Ländern doch auch gemacht, wo sogar die Wohneigentumsquoten vielfach noch deutlich höher als in Deutschland sind...

Akzeptiert, aber: Viele unserer Nachbarländer führen uns mit zahlreichen Negativbeispielen eindrucksvoll vor Augen, wie man es gerade nicht machen sollte. Denn während zum Beispiel Dänemark, die Niederlande, Großbritannien, Irland oder Spanien im Nachgang der US-Subprime-Krise Marktverwerfungen infolge teils abenteuerlicher Wohnimmobilienfinanzierungen, überhitzter Immobilienmärkte und platzender Immobilienpreisblasen erfuhren, erleben wir in Deutschland bis heute eine im Allgemeinen gesunde Marktentwicklung.[2] Was die Finanzierung von Wohneigentum für den Einzelnen und die Finanzmarktstabilität für alle anbetrifft, kann für Deutschland, von den anderen zu lernen, nur bedeuten: am eigenen Bewährten festhalten. Dies sind: solide Finanzierungen mittels ausreichend Eigenkapital, Hypothekendarlehen, besichert durch Pfandbriefe deutscher Prägung, und eben auch: Vorsparen mittels Bausparen[3], bewährt seit 95 Jahren.

Ganz ohne Frage ist die Welt von heute eine fundamental andere als die von 1921, als Georg Kropp im kleinen Dorf Wüstenrot im Schwäbischen Wald das Bausparen erfand. Wir werfen zunächst gemeinsam einen Blick auf das Gründungsjahr des Bausparens und das damalige gesellschaftliche und wirtschaftliche Umfeld.
Wieder in der Gegenwart, schauen wir uns an, welche Erfolge das Bausparen aktuell aufweisen kann und worauf sich sein Erfolg gründet. Als deutsches „Finanzkulturgut" ist Bausparen entschieden mehr als irgendein Finanzdienstleistungsprodukt. Selbstverständlich gehört zu meinen Ausführungen auch eine Darstellung, mit welchen Strategien die Wüstenrot Bausparkasse, die seit vielen Jahren einen Spitzenplatz auf dem deutschen Markt einnimmt, ihre Position im heutigen Wettbewerb behauptet, ja immer weiter ausbaut. Einen Weltkrieg und so manche Krise hat das Bausparen seit seiner Erfindung schadlos überstanden. Auch heute erleben die Bausparkassen ein Umfeld, das sie nach Kräften herausfordert. Manche Kommentatoren gehen gar so weit, das Geschäftsmodell der Bausparkassen für gänzlich überholt zu erklären, die Bausparidee als solche schlichtweg infrage zu stellen. Haben Bausparkassen in Zeiten anhaltend niedrigster Zinsen überhaupt noch eine Existenzberechtigung? Selbstverständlich wollen wir uns dieser Debatte stellen und können dies auch mit viel Selbstbewusstsein tun.
Was ich dem entgegnen werde, ahnen Sie bereits: Natürlich wird Bausparen auch im fortschreitenden 21. Jahrhundert, respektive im zweiten Jahrhundert Wüstenrots, in das wir in Kürze eintreten werden, einen festen Platz in der deutschen Finanzwirtschaft einnehmen. Wie bereits in den vergangenen 95 Jahren werden weiterhin Millionen von Menschen mit Hilfe des Bausparens zu solide finanziertem Wohneigentum kommen. Denn bekanntlich leben Totgesagte länger oder, wie der Lateiner sagt: Mortui dicti diutius vivunt. Also Deutschland ohne Bausparen? Auch in Zukunft völlig undenkbar.

Leonberger
Durch Bauſparen
zum eigenen Heim!

## 2. Die Erfindung des Bausparens – es war eine unsichere Zeit

Unbestritten leben wir aktuell in sehr bewegten und beschleunigten Zeiten, in denen von zahlreichen, schnell aufeinanderfolgenden Ereignissen erhebliche Verunsicherungen ausgehen. Doch werfen wir einen Blick zurück auf die Zeitläufe des Jahres 1921, dem Gründungsjahr von Wüstenrot, im dritten Jahr der Weimarer Republik, so stellen wir schnell fest, dass diese Zeit nicht minder bewegt war, die Menschen in Mitteleuropa jedoch noch viel unmittelbarer und existenzieller von den Verhältnissen betroffen waren, als wir es heute sind.

Für das besiegte Deutschland werden die Reparationsleistungen an die Siegermächte festgelegt. Streiks gehören zur Tagesordnung. Es herrschen politisch kaum noch regierbare Zustände durch zunehmende Polarisierung der Bevölkerung, sowohl rechts als auch links. So erliegt der Zentrumspolitiker Matthias Erzberger, 1918 deutscher Verhandlungsführer der Waffenstillstandskommission, 1921 einem Attentat rechtsextremer Terroristen…

Bekanntlich waren die ersten Jahre der Weimarer Republik alles andere als ruhig und sicher. Die Auswirkungen des Weltkrieges waren noch voll spürbar, der uns heute so selbstverständliche Sozialstaat befand sich gerade erst im Aufbau, große Bevölkerungsschichten waren in ihrer Lebensexistenz bedroht. Auch Georg Kropp hatte bereits existenzielle Krisen durchlebt und erfolgreich gemeistert, als er 1921, er war bereits Mitte 50, die „Gemeinschaft der Freunde“ ins Leben rief.

Insbesondere herrschte zu der Zeit eine Wohnungsnot heute kaum mehr vorstellbaren Ausmaßes, die noch verstärkt wurde durch heimkehrende Soldaten, von denen viele schnell heirateten und somit eigenen Wohnraum benötigten. In weiten Bevölkerungsteilen wuchs, vornehmlich in der Mittelschicht, der Wunsch nach Wohneigentum. Allerdings standen diesen kaum Finanzierungsmöglich-

Georg Kropp, posthumes Portrait (1950) von Carl Obenland (1908–2008)

keiten zur Verfügung. Zugleich jedoch beförderte die Weimarer Republik aufkommende sozialreformerische Bewegungen.
In diesem Kontext erfindet Georg Kropp in Wüstenrot das Bausparen, worüber Klemens Grube in seiner historischen Würdigung des Jubilars ausführlich berichtet.

## 3. Erfolgsbilanz als Ausdruck einer gewachsenen Bausparkultur

*Erfolg in Zahlen*
Das Kapital des Bausparens ist ein Vertrauen, das die Bausparkassen bei ihren Kunden seit seiner Erfindung in Wüstenrot vor 95 Jahren aufgebaut haben; dieses Vertrauen bezieht sich sowohl auf die besondere Finanzierungsform als auch auf die Institution der Bausparkassen. Die ungebrochen starke Triebfeder der Menschen, die hinter dem Bausparen steht, ist der Wunsch und das Streben nach Wohneigentum.[4] Dies spiegelt sich heute (Bausparjahr 2015) in einer Erfolgsbilanz wider, die für Deutschland folgende Zahlen aufweist:

- 25 Millionen Bausparer, die rund 30 Millionen Bausparverträge besitzen.
- Rund drei Millionen neu eingelöste Bausparverträge mit einer Bausparsumme von rund 100 Milliarden Euro.
- Ein Vertragsbestand mit einer Bausparsumme von insgesamt rund 880 Milliarden Euro und Bauspareinlagen in Höhe von rund 160 Milliarden Euro.
- Eine hohe Marktdurchdringung, denn in nahezu jedem zweiten Haushalt gibt es mindestens einen Bausparvertrag.
- Erhaltene Auszahlungen für Wohnungsfinanzierungen in Höhe von rund 40 Milliarden Euro.[5]

Das jährlich gezeichnete Bausparneugeschäft entwickelt sich bemerkenswert stabil. So bewegte es sich innerhalb der letzten Dekade eng um die Marke von 100 Milliarden Euro Bausparsumme, mit einigen Ausreißern nach oben[6], bei denen häufig Sondereffekte, zum Beispiel bedingt durch Tarifwechsel bei einzelnen Bausparkassen, eine wesentliche Rolle spielten. Seit 1948 wurden Bausparverträge mit einer Bausparsumme von insgesamt weit über einer Billion Euro zugeteilt und Bausparmittel bei über 15 Millionen Finanzierungen eingesetzt.[7] An rund jeder dritten privaten Wohnimmobilienfinanzierung in Deutschland sind Bausparkassen beteiligt.[8] Der dauerhafte Strom an Auszahlungen für Wohnungsbaufinanzierungen als Ergebnis des Bausparens trägt zur Verstetigung der Wohnungsbaukonjunktur bei.

Bausparen ist längst zu einem Grundbedarfsprodukt geworden.[9] Das kontinuierliche Neugeschäft auf hohem Niveau ist letztlich als Ausdruck einer seit fast 100 Jahren gewachsenen Kultur des Bausparens zu sehen, die im Folgenden einmal näher betrachtet werden soll. Hierfür wurden verschiedene Stimmen innerhalb und außerhalb der Bausparbranche eingefangen.

### *Auf die „steinerne Rendite" des Wohneigentümers war zu jeder Zeit Verlass*

Während Bausparen und Wohneigentumsbildung für die Vermögensbildung stets eine sichere Bank darstellten, wechselten die Vorzeichen für das Banksparen im Lauf der Jahrzehnte deutlich.

Dies illustriert das folgende Zitat von Frank Uwe Schäffler, ehemaliger FDP-Politiker und ein Euro-skeptischer Geist, der 2010 von seinem Posten als FDP-Obmann im Finanzausschuss des Bundestages zurücktrat, weil er seinen Überzeugungen nicht untreu werden wollte. In einem Newsletter auf der liberal-konservativen Internetplattform „Tichys Einblick" schreibt er in einem Beitrag vom

Dezember 2015 mit dem Titel „Die Sparkultur stirbt scheibchenweise“:

*„Der Weltspartag war früher ein Fest. Großeltern pilgerten mit ihren Enkelkindern in die Filialen der Sparkassen und Volksbanken, um das Sparschwein zu leeren. Die Kinder bekamen große Augen, nicht nur durch die Geschenke und Luftballons, die die Bankberater bereithielten, sondern durch die Zinsgutschrift, die auf dem Sparbuch aktualisiert und ausgewiesen wurde. Die Knirpse lernten so sehr früh, dass der Konsumverzicht heute, durch die Zinsgutschrift belohnt wird, damit man sich später etwas Größeres leisten konnte. Die Großeltern, deren Kinder und Kindeskinder, waren Teil einer Sparkultur, die mehrere Generationen nicht nur vereinte, sondern prägte. Die Großeltern waren sensibilisiert durch die zwei großen Währungsreformen der deutschen Geschichte 1923 und 1948, die ihr Sparvermögen über Nacht vernichteten. Dieses Wissen gaben sie an ihre Kinder weiter und diese an ihre. […]“*[10]

Im heutigen Zeitalter der „Minizinsen“ vergessen viele, dass zu der Zeit, als es 5 oder 5,5 Prozent Zinsen auf Spareinlagen gab – dies war Mitte der 1970er Jahre der Fall –, sich die Inflation im Bereich von 6 bis 7 Prozent bewegte. Damals war der Realzins also negativ, während den „Mini-Zinsen“ derzeit auch nur eine „Mini-Inflationsrate“ gegenübersteht. Dies räumt auch Schäffler ein, wenn er im Weiteren schreibt:

*„Zwar war damals die Inflationsrate wesentlich höher als heute, dennoch hatte das klassische Sparen seine Attraktivität. Es war die Chance des kleinen Mannes, den Wertverlust seiner Rücklagen zu mindern. Heute kann das Geld in der Spardose oder unter der Bettdecke bleiben oder gleich ausgegeben werden.“*[11]

Schüchterne Blicke und große Augen bei den Weltspartagen früherer Jahre.

Die Bausparkasse GdF Wüstenrot in Ludwigsburg, Foto um 1950.

Die Psychologie des Sparens früherer Jahrzehnte erwuchs aus dem kollektiven Erinnern an Inflation und Geldvernichtung, die sich so in Deutschland niemals wiederholen sollte. Das Sparbuch war die Versicherung des kleinen Mannes gegen die schleichende Entwertung des hart erarbeiteten Vermögens oder auch „nur" eines Notgroschens, dessen Erhalt jedoch einen umso existenzielleren Charakter hatte („Spare in der Zeit, so hast Du in der Not").

Mit steigendem Wohlstand einerseits und dem sich abzeichnenden demographischen Wandel andererseits setzte sich zunächst in der Wissenschaft, dann in der Politik (Rentenreform 2001) und etwa seit der Jahrtausendwende auch in der breiten Bevölkerung die Erkenntnis durch, dass ohne private Vorsorge ein auskömmlicher Lebensabend kaum mehr zu erreichen sein wird. Zu den Sparmotiven „Notgroschen" und „Vermögensaufbau" kommt mit der Notwendigkeit privater Alterssicherung ein Sparzweck hinzu, der eine besonders rationale und systematische Auseinandersetzung des Einzelnen mit seinen Finanzen erfordert. Leider ist es jedoch, dies zeigt sich bis heute, von der Erkenntnis über den Vorsatz bis zur wirklichen Verhaltensänderung ein weiter Weg. Die meisten Menschen sparen weniger für ihre Altersvorsorge, als sie selbst für notwendig halten. Und viele, zu viele, sparen gar nicht.[12]

Immerhin zeigte die staatliche Altersvorsorge nach dem Altersvermögensgesetz von 2002, die sogenannte Riester-Rente, nach Anlaufschwierigkeiten in den ersten Jahren eine hoffnungsvolle Entwicklung. In der zweiten Hälfte der 2000er Jahre verdreifachte sich der Vertragsbestand nahezu auf rund 15 Millionen und stagniert mittlerweile auf einem Niveau von rund 16,5 Millionen.[13]

Alternativ oder als weiteres Standbein für die Vermögensbildung haben die Menschen bereits in den ersten Nachkriegsjahrzehnten millionenfach das Bausparen genutzt, mit dem Ziel, in die Sachanlage „selbstgenutzte Wohnimmobilie" zu investieren. Gegenüber dem Banksparer nahm der Bausparer einen etwas niedrigeren Guthabenzins in Kauf und erwarb im Gegenzug den Anspruch auf ein zinsgünstiges und zinssicheres Bauspardarlehen. Im Bausparen war von Beginn an bereits der Gedanke der privaten Altersvorsorge impliziert, der sich als Anlageziel anderer Sparformen erst zu Anfang des 21. Jahrhunderts mühsam durchzusetzen begann. Denn der Wohneigentümer erzielt, unabhängig vom Auf und Ab auf den Renten- und Kapitalmärkten, unbeeinflusst von der Inflationsentwicklung, eine „Steinerne Rendite" in Form des erwirtschafteten Wohnwerts, der ihm im Alter mietfrei zur Verfügung steht.

*Bausparen ist ein Finanzkulturgut,*
*Bausparer erwirtschaften eine Lebenszielrendite*

Der entscheidende Durchbruch im Verhalten der Menschen, ihre eigene Altersvorsorge wirklich konsequent selbst in die Hand zu nehmen, ist somit bis heute noch nicht gelungen. Dies konstatierte auch Matthias Metz, ehemaliger Vorsitzender des Vorstands der Bausparkasse Schwäbisch Hall AG und schrieb:

*„Vor diesem Hintergrund muss man außerordentlich hoch bewerten, dass es in Deutschland in Gestalt des Bausparens ein Produkt gibt, das das Finanzverhalten der Menschen nachdrücklich prägt und positiv beeinflusst – und das bereits seit mehreren Generationen. Viele Eltern und auch schon die Großeltern der heute vor Vorsorgeentscheidungen stehenden Erwerbstätigen haben durch Bausparen – und damit durch Eigenkapitalbildung, die zu Wohneigentum führte – entsprechend konkrete positive Erfahrungen gesammelt."*[14]

Ein Blick in die Vermögensstatistik zeigt, dass das geförderte Bausparen positive Auswirkungen auf die Vermögensbildung und Altersvorsorge hat. Das Vermögen der Bausparer ist in niedrigen Alters- und Einkommensgruppen signifikant höher, als das von Nicht-Bausparern; die Sparquote von Bausparern ist insgesamt höher als die von Nicht-Bausparern. Und last but not least ist die Immobilieneigentumsquote von Bausparern höher als die von

Nicht-Bausparern.[15] Die Gründe dafür sind vielfältig, jedoch alle in der Charakteristik des Bausparens selbst zu finden: Die Einstiegshürden zum Bausparen sind gering, unter anderem da viele Wahlmöglichkeiten bestehen, die Bausparförderung transparent und für den Sparer leicht zu handhaben ist und die Bedingungen für die Förderung disziplinierend wirken.

Regelmäßige Erhebungen der Deutschen Bundesbank belegen, dass die Bedeutung der selbst genutzten Immobilie für den Vermögensaufbau der Deutschen im Verlaufe der Finanzkrise stetig zugenommen hat. Die selbst genutzte Immobilie ist der größte Aktiv-Posten in der Vermögensbilanz der deutschen Haushalte.[16] Ein wichtiger Grundstein hierfür ist und war das Vorsparen mittels Bausparen. Über Generationen hinweg ist Bausparen zu einer Art „Finanzkulturgut“[17] geworden.

Beim Bausparen geht es eben um mehr als nur um eine schnöde Geldrendite. Reinhard Klein, der heutige Vorstandsvorsitzende von Schwäbisch Hall, fasst es in dem Begriff „einer Art ‚Lebenszielrendite‘“[18] zusammen, die sich aus einer materiellen als auch immateriellen Vermögensbilanz ergibt, bestehend aus Sachwertvermögen, Mietersparnis, Altersvorsorge, höherer Wohn- und Lebensqualität bereits lange vor dem Renteneintritt sowie gegebenenfalls Vermögensweitergabe an die Nachkommen.

*Nichts motiviert mehr zum Sparen als Wohneigentum*

Aus dieser, in einem sehr positiven Sinne konservativen „Eigenheimer-Philosophie“ heraus ergibt sich eine ausgesprochen starke und über Jahrzehnte wirksame Sparmotivation, die – diese These wage ich ohne Weiteres – kein Banksparplan und keine Riester-Police jemals in diesem Maße entfalten konnte und entfalten kann. Nicht anders ist auch der Umstand zu erklären, dass Haushalte mit Wohneigentum im Vergleich zu Haushalten vergleichbaren Einkommens, die zur Miete wohnen, am Vorabend ihres Ruhestands ein Viel-

faches an Vermögen aufweisen. Das Bemerkenswerte daran ist, dass über ihr Immobilienvermögen hinaus auch ihr Geldvermögen höher ist als das der Mieterhaushalte.[19]
Entsprechend klug hat der Gesetzgeber gehandelt, als er die selbst genutzte Immobilie in Form der Eigenheimrente 2008 „riesterfähig“ machte („Wohn-Riester“) und später noch wesentlich verbesserte.[20] Seit diesem Schritt zur Gleichberechtigung der selbst genutzten Wohnimmobilie mit anderen Vorsorgeformen ist die Eigenheimrente die einzige Riester-Variante, die noch einen hohen Bestandszuwachs zu verzeichnen hat. Ihr ist es zu verdanken, dass der Riester-Vertragsbestand insgesamt nochmals spürbar zulegen konnte.[21]

## 4. Die Wüstenrot Bausparkasse AG heute

*Eine starke Marke*
Als Erfinder des Bausparens steht Wüstenrot synonym für dieses Produkt und Finanzkulturgut, wie es im vorangegangenen Abschnitt beschrieben wurde. Wüstenrot gehört zu den bekanntesten Marken auf dem Markt für Finanzdienstleistungen. Dies wird uns regelmäßig durch die Marktforschung bestätigt, die uns neben der Markenbekanntheit starke Zustimmungswerte in Sachen Bauspar- und Baufinanzierungskompetenz bescheinigt.[22] Zusätzliche Bestätigung erhielten wir durch die internationale Auszeichnung als Superbrand im Jahr 2015, die der Marke Wüstenrot eine besondere Solidität und Strahlkraft über Jahrzehnte attestierte. Dies dürfen wir mit einem gewissen Stolz berichten. Nicht von ungefähr behauptet Wüstenrot, gemessen am Bausparneugeschäft, unter allen Bausparkassen in Deutschland bereits seit vielen Jahren souverän den zweiten Rang.

Im Lauf seiner Geschichte war Wüstenrot wiederholt Innovator für neue Generationen von Bauspartarifen. Darüber hinaus wurde ganz erheblich in die Ausbildung der Mitarbeiter und Handelsvertreter sowie in die Beratungstechnologie investiert. Dass wir auch hiermit erfolgreich sind, belegen die Ergebnisse unabhängiger und namhafter Institute, in denen sich die Wüstenrot Bausparkasse regelmäßig auf den vordersten Rängen wiederfindet.[23]

*Wachsender Vertriebserfolg*

Zum gezeichneten Neugeschäft von gut 14 Milliarden Euro Bausparsumme trugen im Jahr 2015 zu mehr als 50 Prozent die zahlreichen vertrieblichen Kooperationspartner von Wüstenrot bei. Seine heutige Marktstellung verdankt Wüstenrot seiner erfolgreichen Multikanalstrategie sowie mehreren strategischen Zukäufen. Zuletzt, im Jahr 2010, wurde die Allianz Dresdner Bauspar AG übernommen.

Doch auch seither konnte Wüstenrot die Bausparsumme des gezeichneten Neugeschäfts durch eine ständige Verbreiterung und Verstärkung der Vertriebsbasis deutlich steigern und somit seine Position durch organisches Wachstum weiter ausbauen. Zu unseren wichtigsten Vertriebspartnern zählen die Commerzbank, die HypoVereinsbank und Santander sowie aus dem Versicherungsbereich die Allianz und die ERGO-Gruppe. Außerdem bestehen Kooperationen mit der vereinigten Dienstleistungsgewerkschaft verdi und dem dbb Vorsorgewerk, der Serviceeinrichtung des dbb Beamten- und Tarifunion.

Durch unsere Multikanalstrategie, zu der auch der Online-Kanal zählt, ermöglichen wir unseren Kunden den Zugang zu unseren Produkten und Dienstleistungen, die sie bevorzugen. Der Erfolg von Wüstenrot als Kooperationsbausparkasse beruht unter anderem darauf, dass jedem Partner individuelle Vertriebslösungen angeboten werden, wir auf eine in jedem Fall vertrauensvolle Zusammen-

Marktforschungsergebnisse und die Auszeichnung Superbrand belegen die hohe Strahlkraft der Marke Wüstenrot.

arbeit setzen und allen Partnern vertraglich Kundenschutz garantieren.[24]

Neben den Kooperationspartnern bleiben unsere eigenen, exklusiv für Wüstenrot arbeitenden Handelsvertreter in der Ausschließlichkeitsorganisation eine tragende Säule für unseren Vertrieb. Sie betreiben unsere Wüstenrot Vorsorge- und Service-Center, mit denen wir das gesamte Bundesgebiet abdecken und über die wir den direkten und vertrauensvollen Kontakt zu unseren Kunden pflegen. An zahlreichen Standorten konnte so über Jahrzehnte, und über Generationen von Vertretern und Kunden hinweg, Vertrauen aufgebaut werden.

*Vom Häuslebauer zum Modernisierer – mit Unterstützung von Wüstenrot*

Zunächst einmal steht Wüstenrot, wie das Bausparen insgesamt, dafür, Millionen von Menschen zu Wohneigentum mitverholfen zu haben. Die über Jahrzehnte erworbenen Immobilien wollen allerdings auch instandgehalten und zur gegebenen Zeit modernisiert sowie zum Beispiel an Bedürfnisse im Alter angepasst werden. Auch diese Maßnahmen in bestehenden Häusern und Wohnungen gilt es finanziell darzustellen.

Bei Wüstenrot fließt bereits der größere Teil der jährlich ausgezahlten Bausparmittel in Modernisierungsmaßnahmen. Schon vor Jahren haben wir damit begonnen, unsere Kunden bei Modernisierungsmaßnahmen besonders zu unterstützen. Dazu gehört etwa ein spezieller Fördergeld-Service, mit dessen Hilfe schnell und sehr einfach sämtliche in Frage kommende öffentliche Zuschüsse beantragt werden können. Hierfür arbeiten sich hinter den Kulissen Fachleute durch den für den Einzelnen recht undurchsichtigen Förderdschungel. Wir stellen somit gegen ein geringes Entgelt sicher, dass unseren Kunden kein Förder-Euro entgeht. Neben diesem Alleinstellungsmerkmal von Wüstenrot runden weitere Unterstützungsangebote unsere Positionierung als Modernisierungsbausparkasse ab, wozu ein Online-Energiesparrechner zählt sowie Bausparprodukte und Finanzierungsangebote, die gewährleisten, dass dem Hauseigentümer in den typischen Zeitabständen die finanziellen Mittel für anstehende Modernisierungsmaßnahmen zur Verfügung stehen.

*Aus Bausparen wird Wohnsparen*

Zu Beginn des Jahres 2016 ging Wüstenrot mit einem neuen Bauspartarif an den Markt. Dafür haben wir uns die heutigen, verschiedenen Kundenbedürfnisse genau angeschaut und unsere Tarifvarianten konsequent darauf ausgerichtet.

Im neuen Bauspartarif von Wüstenrot stehen dem Kunden vier verschiedene Varianten zur Verfügung, je nachdem, ob er bauen, kaufen, modernisieren oder später altersgerecht umbauen möchte. An der Aufzählung zeigt sich, dass Wohnen mehr als Bauen ist. Aus diesem Grund wird bei Wüstenrot aus Bausparen Wohnsparen. Denn für Wohnsparen gibt es viele verschiedene Anlässe und Motive, je nach Alter und Lebenslage. Alle Wohnsparer eint dabei der Wunsch nach Lebensqualität, Komfort und Sicherheit in den eigenen vier Wänden. Auch in der neuen Tarifgeneration ist uns selbstverständlich jeder Kunde willkommen, der noch ohne eine spezifische Vorstellung von der späteren Verwendung des Darlehens Wohnsparen zum Vermögensaufbau nutzen möchte. Und auch für ihn gibt es passende Tarifvarianten.

Zusätzlich zu den bewährten Vorteilen des Bausparens – Zinssicherheit, Flexibilität in der Spar- und Darlehensphase, kostenfreie Sondertilgungsmöglichkeiten und Nutzung der staatlichen Förderung – bietet die neue Tarifgeneration von Wüstenrot weitere Vorzüge. Beispielsweise wurde die Altersgrenze, bis zu der es einen Jugendbonus gibt, um drei Jahre erhöht. Weiterhin ist es ab sofort möglich, sämtliche staatliche Förderungen, die ein Kunde erhalten kann – Wohnungsbauprämie, vermögenswirksame Leistungen, Ar-

Vom Bausparen zum Wohnsparen
im Spiegel von Wüstenrot-Werbung
gestern und heute.

Jetzt aber los, Ludwig!
Wer bis zum 31. März nicht endlich mit Bausparen anfängt, muß ein halbes Jahr länger Miete zahlen.
Was für eine Geldausgabe.
Bei vielen sind das ein paar hundert Mark. Sparen Sie dieses Geld lieber für Ihr eigenes Heim.
Auch wer nichts hat, nichts erbt, nicht im Lotto gewinnt, kann es schaffen. Auch wer unter 2000 Mark im Monat verdient wie fast die Hälfte aller Wüstenrot-Bausparer.
Der Staat trägt seinen Teil dazu bei, indem er das Bausparen höher prämiert als alle anderen Sparformen. Und Wüstenrot hilft Ihnen mit einem billigen Bauspardarlehen.
Und wenn Ihnen der erste Bausparvertrag nach sieben Jahren noch nicht zum Bauen reicht, hat sich Ihr eingezahltes Geld fast verdoppelt.
31. März ist Wüstenrot-Tag.
Der Tag, der Bausparen schneller macht.
USI-YR 1

ENDLICH GENAU MEIN DING.
#wohnsparen
Wohne auch du bald, wie du willst.
Mit unserem Wüstenrot Wohnsparen.
Zeit, deine Träume wahr zu machen: Mit Wüstenrot kannst du dich mit kleinen, monatlichen Beiträgen in die ersten eigenen vier Wände sparen – oder dir einen langersehnten Wunsch erfüllen. Mehr Infos bei deinem Berater vor Ort oder unter www.wuestenrot.de
wüstenrot
Wünsche werden Wirklichkeit.

Endlich mehr Freiraum.
#wohnsparen
Erfinden Sie Ihren Wohntraum immer wieder neu.
Mit unserem Wüstenrot Wohnsparen.
Jede Lebensphase bringt neue Bedürfnisse mit sich. Ob Wellness-Bad, sonniger Wintergarten oder Dachausbau – verwirklichen Sie Ihre Modernisierungspläne und bringen Sie neuen Schwung in Ihr Zuhause. Gerade jetzt profitieren Sie dabei von besonders niedrigen Darlehenszinsen. Mehr Infos bei Ihrem Berater vor Ort oder unter www.wuestenrot.de
wüstenrot
Wünsche werden Wirklichkeit.

beitnehmersparzulage und Riester-Förderung –, auf einem einzigen Förderkonto zu bündeln.

Mit dem neuen Tarif sieht sich Wüstenrot im Wettbewerb sehr gut aufgestellt. Auch unser Baufinanzierungsangebot haben wir analog zum Wohnsparen unter der Sammelbezeichnung „Wüstenrot Wohndarlehen" weiterentwickelt. Für die weitere Zukunftssicherung wird aktuell unter anderem mit Hochdruck daran gearbeitet, die Chancen des im Dezember 2015 novellierten Bausparkassengesetzes zu nutzen, das sowohl gewisse Spielräume für ein erweitertes Produktangebot als auch für die Refinanzierung schafft.

## 5. Deutschland im Jahr 2016: Summa summarum ein Hort der Stabilität im Herzen eines krisenbewegten Europas

*Eine Konstante ist das Bausparen*
Seit 95 Jahren steht der Name Wüstenrot als Erfinder des Finanzkulturgutes Bausparen für Kontinuität. Nach einer kurzen Zwangspause 1922/23, erzwungen durch die Hyperinflation infolge des Ersten Weltkrieges, brach sich das Wüstenrot-Bausparen seit 1924 machtvoll Bahn. Der Zeitengang hat freilich noch viele Krisen, Umbrüche und sogar einen weiteren Weltkrieg gebracht. In den vergangenen Jahren beschäftigte uns vor allem das Platzen der dotcom-Blase 1999, gefolgt von der Finanzmarktkrise 2008 und seit 2010 die europäische Staatsschuldenkrise. Das Bausparen hat alle Krisen gemeistert.
Inmitten eines unwägbaren, von Unsicherheiten geprägten Weltgeschehens sowie als geographischer Mittelpunkt und größte Volkswirtschaft eines krisengeschüttelten europäischen Kontinents zeigt sich Deutschland als ein Hort wirtschaftlicher und gesellschaftlicher Stabilität – trotz mancher innenpolitischer Probleme.

*Neue Wohnungsknappheit durch Schwärmer und Zuziehende*

Wenngleich die heutige Situation nicht mit der Wohnungsnot in den 1920er-Jahren zu vergleichen ist, so ist die sich aktuell in Ballungsräumen immer mehr verschärfende Wohnungsknappheit eines der zentralen Probleme in Deutschland. Spätestens seit Ende der 1990er-Jahre galt Wohnungsmangel bei uns als ein Thema der Vergangenheit. Über viele Jahre war Wohnungspolitik kaum mehr existent, und im Rahmen der Föderalismusreform gab sie der Bund an die Länder ab. Doch heute fehlen infolge hoher Zuwanderung und des „Schwärmens"[25] vieler im Land in die Großstädte und Ballungszentren wieder hunderttausende von Wohnungen. Die Nachfrage trifft dort auf zu wenige verfügbare Baugrundstücke und stark steigende Anforderungen an das Bauen. Im Ergebnis werden noch immer deutlich zu wenige Wohnungen fertiggestellt. Wohneigentumsbildung, erleichtert durch die niedrigen Baugeldzinsen, kann durch Sickereffekte ganz wesentlich zur Entspannung auch des Mietwohnungsmarktes für Starterhaushalte beitragen.[26]

In einem globalen Umfeld wachsender Verschuldung baut Deutschland seine Staatsschulden ab, was grundsätzlich sehr begrüßenswert ist. Ohne Frage wird dies wesentlich erleichtert durch die anhaltende Niedrigzinspolitik, die als Antwort auf die europäische Staatsschuldenkrise die Zinskosten für die Staatsverschuldung auch in Deutschland auf ein historisches Minimum schrumpfen lässt. Mit anderen Worten: Ohne die Politik des billigen Geldes, wie sie Mario Draghi, der Präsident der Europäischen Zentralbank (EZB), betreibt, wäre Schäubles Serie an „Schwarzen Nullen" so nicht möglich.

*Risiken und Nebenwirkungen der anhaltenden Geldschwemme*

Letztlich findet dabei jedoch eine gewaltige Umverteilung zugunsten der Staatsfinanzen und zu Lasten des Sparers statt, dessen Guthabenzinsen praktisch abgeschafft wurden. Denn bescheiden ren-

Anzeigenmotiv des Verbandes der Privaten Bausparkassen, Hauptstadtausgabe der BILD-Zeitung vom 18. Dezember 2014.

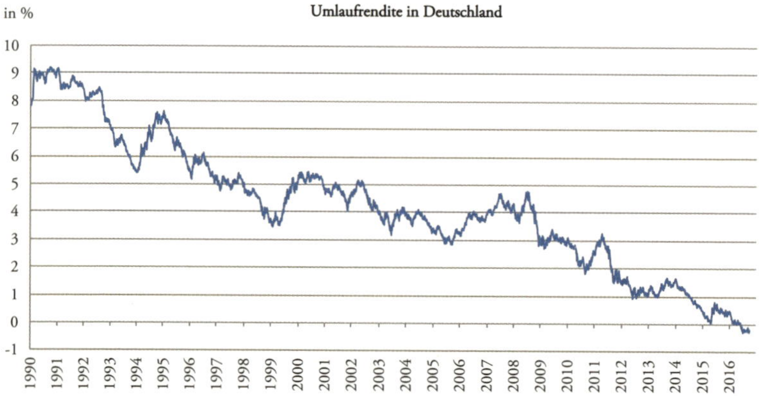


Entwicklung der Umlaufrendite 1990 – 2016 (Umlaufrenditen inländischer Inhaberschuldverschreibungen, börsennotierte Bundeswertpapiere)

tierliches und zugleich sicheres Sparen ist in den letzten Jahren praktisch kaum mehr möglich. Insofern wird die ungleiche Vermögensverteilung in Deutschland durch die Nullzinspolitik noch verschärft und zugleich das Risiko in Kauf genommen, dass die Sparkultur nachhaltigen Schaden erleidet. Um es hier nur am Rande zu erwähnen: Neben all diesen Risiken und Nebenwirkungen wird durch das billige Geld von den südeuropäischen Krisenstaaten der Druck genommen, überfällige Strukturreformen endlich anzugehen und die überschuldeten Staatshaushalte langfristig in Ordnung zu bringen.

Andererseits wurden im Kielwasser der Niedrigzinspolitik Schuldzinsen auch für den Endverbraucher günstig wie nie. Wer, statt zu sparen, fröhlich Schulden macht, bezahlt, je nach Bonität, gerade noch um die 3 Prozent Zinsen für einen Verbraucherkredit. Auch hypothekenbesichertes Baugeld ist historisch günstig. Im Jahr 2016 mehren sich Angebote bei 10-jähriger Zinsbindung mit unter 1 Prozent Darlehenszins. Zahlreiche Anleger lösen ihren Anlagenotstand, indem Sie in „Betongold" flüchten, und viele Privathaushalte nutzen, grundsätzlich ganz zurecht, die Gunst der Stunde für den Erwerb von Wohneigentum. Die anhaltend günstige Beschäftigungsperspektive gibt ihnen für ihre Entscheidung zusätzliche Sicherheit. Die Niedrigstzinsen vor Augen, wollen sie möglichst sofort kaufen und nicht geduldig erst noch über Jahre vorsparen.
Nicht wenige Journalisten provozieren derzeit mit der Frage, ob wir in Anbetracht anhaltend niedriger Zinsen Bausparen überhaupt noch brauchen, oder ob sich dieses Geschäftsmodell, immerhin einer der Garanten deutscher Finanzmarktstabilität, nicht bereits überholt hat. So titelte beispielsweise „Die Welt" am 26. Juli 2016: Die Bausparidee stehe „am Rand des Abgrunds".

## 6. Brauchen wir noch Bausparen in Anbetracht anhaltend niedriger Zinsen?

*Sieben ganz handfeste Argumente für das Bausparen*
Brauchen wir noch Bausparen in Zeiten von Hypothekenzinsen auf einem Niveau, das den älteren Wohneigentümern unter uns Tränen in die Augen treibt? Tatsache ist, dass ein Haushalt mit durchschnittlichem Einkommen und vorhandenem Eigenkapital heute eine Wohnimmobilie langfristig zinsgebunden über Hypothekendarlehen finanzieren kann. Denn dabei kommt derzeit, auch bei einem vernünftigen Tilgungssatz, eine gut tragbare monatliche Rate heraus, sofern der Preis der Immobilie noch in einem gesunden Verhältnis zum Einkommen steht. Wozu also noch bausparen? Hier kommen sieben gute Gründe:

1. **Fehlendes Eigenkapital in Zeiten gestiegener Immobilienpreise und Erwerbsnebenkosten:** Auch heute noch gilt, dass es für eine solide Eigenheimfinanzierung eines Eigenkapitals von rund 20 Prozent bedarf. Hinzu kommen deutlich höhere Erwerbsnebenkosten, insbesondere bedingt durch Grunderwerbsteuererhöhungen in Verbindung mit stark steigenden Immobilienpreisen. So wird schnell Eigenkapital in Höhe von 30 Prozent des Kaufpreises benötigt, was in vielen Wachstumsregionen, wo die meisten Immobilien nachgefragt werden, leicht 50.000 Euro oder mehr bedeutet. Nur 20 Prozent der Mieter in Deutschland verfügen über finanzielle Mittel in einer solchen Höhe.[27] Bausparen ist nach wie vor ideal zum sicheren Aufbau von Eigenkapital, einschließlich der Option, das Bauspardarlehen zu nutzen. Es wird mehrfach staatlich gefördert: In Form der Wohnungsbauprämie, der vermögenswirksamen Leistungen, der Arbeitnehmer-Sparzulage sowie seit 2008 im Rahmen der Riester-Förderung („Wohn-Riester").

2. **Zinssicherung ist sinnvoller denn je:** Bausparen ist als langfristiges Zinssicherungsinstrument heute sinnvoller denn je. Je tiefer das Zinsniveau ist, desto weniger wahrscheinlich ist ein weiteres Absinken, und desto wahrscheinlicher sind höhere Zinsen in der Zukunft. Wer sich das Zinsniveau in Zeiten eines historisch niedrigen Niveaus sichert, kann also mit hoher Sicherheit davon ausgehen, ein gutes Geschäft zu machen. Dies gilt für denjenigen, der später eine Immobilie erwerben möchte, genauso wie für jenen, der sich die Niedrigzinsen schon heute für eine Anschlussfinanzierung sichern möchte. Je niedriger die Zinsen, desto höher die Darlehenssumme, die auch mit niedrigerem Einkommen bedient werden kann, und umso höher zudem das Risiko, dass ein Haushalt durch eine Anschlussfinanzierung nach einem Zinsanstieg überfordert wird. In Zeiten, in denen die Guthabenzinsen bei Sparprodukten generell gegen Null tendieren, erhält der Kernnutzen des Bausparens, die Zinssicherung, zusätzliches Gewicht.

3. **Günstiges Bauspardarlehen statt Zinsaufschlag bei hohem Beleihungsauslauf:** Gerade in Zeiten sehr niedriger Hypothekenzinsen wird schnell übersehen, dass der Zinssatz für Hypothekendarlehen für benötigte Mittel jenseits von 60 Prozent oder gar 80 Prozent des Beleihungswertes deutlich steigt. In diesem Bereich sind heute zuteilungsreife Bausparverträge auch mit einem Darlehenszinssatz von 3 Prozent oder 4 Prozent vielfach konkurrenzfähig. Die bewährte Faustformel ca. 20 Prozent Eigenkapital + 20–30 Prozent Bauspardarlehen + 50–60 Prozent Hypothekendarlehen, bezogen auf den Kaufpreis führt also nach wie vor zu den konditionell günstigsten und zugleich solidesten Finanzierungen. Bauspardarlehen aus der heutigen Tarifgeneration werden dabei zu noch wesentlich größeren Konditionsvorteilen führen, selbst wenn das Zinsniveau auf absehbare Zeit weiter niedrig bleiben sollte.

4. **Aufschlagfreie Nachrangfinanzierung:** Bauspardarlehen können für Immobilienfinanzierungen jederzeit im Nachrang eingesetzt werden. Auch hier kommt der ideale Ergänzungscharakter des Bauspardarlehens zum Hypothekendarlehen zum Ausdruck. Letzteres ist stets im ersten Grundbuchrang zu besichern.

5. **Auf ein Bauspardarlehen ist immer Verlass. Bausparen bietet Bonitätsaufbau für jedermann:** Warum begnügen sich Bausparkassen bei der Besicherung von Bauspardarlehen eigentlich grundsätzlich im Grundbuch mit dem Nachrang? Ganz einfach deshalb, weil der Bausparer, wenn sein Bausparvertrag zuteilungsreif geworden ist, durch seine langjährige und regelmäßige Sparleistung bewiesen hat, dass er in der Lage ist, langfristigen Zahlungsverpflichtungen nachzukommen. Mit anderen Worten: Bausparen ist auch „Bonitätsaufbau" für jedermann. Egal ob hohes oder niedriges, regelmäßiges oder unregelmäßiges Einkommen, angestammt oder frisch zugewandert, jung oder alt, hohe oder niedrige formale Bildung: Bausparen steht grundsätzlich jedem offen und ermöglicht jedermann die Möglichkeit, seine Spardisziplin unter Beweis zu stellen und einen Darlehensanspruch zu erwerben.
   Neue Hürden für Menschen mit dem Wunsch nach Wohneigentum hält die im März 2016 in Kraft getretene Wohnimmobilienkreditrichtlinie (WIKR) bereit. Bei dieser gesetzlichen Regelung geht es im Kern darum, dass die Kreditwürdigkeit eines Finanzierungsvorhabens nicht mehr alleine am Wert der zu erwerbenden Immobilie bemessen werden darf. Stattdessen gilt es für die Banken, nachzuweisen, dass der Kreditnehmer in der Lage sein muss, diesen nach aller Voraussicht zu seinen Lebzeiten vollständig zurückzahlen zu können. Dies führt zu einer abwartenden Haltung vieler Banken. Die restriktivere Handhabung der Kreditvergabe trifft insbesondere einkommensschwä-

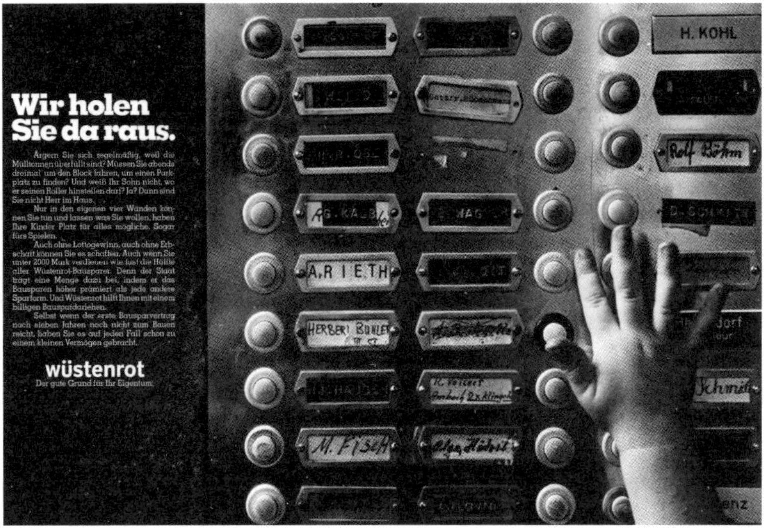


Wüstenrot-Werbeanzeige von 1979: „Wir holen Sie da raus“. Bis heute gilt: Bausparen bietet Bonitätsaufbau für jedermann, um auf Sicht seine Wohnwünsche zu verwirklichen.

chere Haushalte und junge Familien. Gerade diesen können jedoch die niedrigen Zinsen besondere Chancen auf Altersvorsorge durch Wohneigentum bieten. Ihnen kann das staatlich geförderte Bausparen besonders helfen, ausreichend Eigenkapital anzusparen bzw. sich das niedrige Zinsniveau bereits heute für einen späteren Erwerbszeitpunkt zu sichern. Auch Menschen in der zweiten Lebenshälfte sind von den Auswirkungen der WIKR verstärkt betroffen, etwa wenn sie ein Modernisierungsdarlehen benötigen.

6. **Für Modernisierungen ideal geeignet:** Der klassische Verwendungszweck für das Bausparen ist, wie der Name schon sagt, die Finanzierung des Neubaus eines Einfamilienhauses. Dies hat sich insbesondere in den letzten Jahrzehnten stark gewandelt,

denn andere wohnwirtschaftliche Verwendungszwecke – beispielsweise Gebrauchtkauf, Instandhaltungs-, Modernisierungs- und Umbaumaßnahmen an vorhandenem Wohneigentum – sind immer stärker in den Vordergrund gerückt. Gerade bei in der Regel kleineren Finanzierungssummen für Modernisierungen kann das Bausparen seine besonderen Stärken ausspielen. Diese liegen insbesondere darin, dass grundsätzlich keine Kleinsummenaufschläge auf das Bauspardarlehen erhoben werden und dass Sondertilgungen über die vereinbarte Darlehenstilgungsrate hinaus in beliebiger Höhe möglich sind. Stiftung Warentest Finanztest schreibt im Sommer 2016: „Wenn Sie mittel- bis langfristig die eigenen vier Wände modernisieren und sich gegen steigende Zinsen absichern wollen, ist ein Bausparvertrag sinnvoll. Dies gilt besonders für Modernisierungsvorhaben bis 50.000 Euro. Für solche ‚Kleindarlehen' gibt es von Banken oft keine günstigen Angebote".[28]

7. **Unbürokratische Blankodarlehen für den kleinen Finanzierungsbedarf.** Wer für Einzelmaßnahmen an seinem Haus nur ein geringeres Finanzierungsvolumen bis 30.000 Euro benötigt – zum Beispiel für eine neue Heizung oder neue Fenster –, dem bieten die Bausparkassen Bauspardarlehen auch als sogenanntes Blankodarlehen an, ohne Sicherung im Grundbuch sehr unbürokratisch und zu im Marktvergleich (gegenüber Ratenkrediten, Modernisierungsdarlehen) sehr günstigen Konditionen. Solche Darlehen sind auch zur Sofortfinanzierung erhältlich.

*Das Reputationsgleichgewicht – oder: Bausparen ist Vertrauenssache*

Jenseits einer solchen Nutzenargumentation aus Sicht des Baufinanzierungspraktikers soll hier auch die Frage beantwortet werden, wie das Bausparen in Zeiten anhaltend niedriger Zinsen aus grund-

sätzlicher finanzwissenschaftlicher Sicht zu bewerten ist. Hierfür ist es zunächst hilfreich, sich zu vergegenwärtigen, wie der ökonomische Kernnutzen des Bausparens wissenschaftlich beschrieben wird. Dazu ein Zitat von Hans-Peter Burghof, Inhaber des Lehrstuhls für Bankwirtschaft und Finanzdienstleistungen an der Universität Hohenheim sowie Geschäftsführer der Stiftung Kreditwirtschaft:
*„Worin liegt der besondere ökonomische Wert des Bausparens, der es von anderen Konzepten, aber auch von Investmentfonds oder Versicherungen unterscheidet? Ansparleistung und Kredit werden miteinander verknüpft, um Informationen über die personelle Kreditwürdigkeit zu erzeugen. Die dazu erforderliche langfristige Bindung wird gestützt durch eine Zinsoption für den Kunden, die ihn veranlasst, den Bausparkredit zu einem günstigen Zins in Anspruch zu nehmen, sowie durch ein Reputationsgleichgewicht, in dem die Bausparkasse bereit ist, den Kredit auch dann zu vergeben, wenn sie mit einer alternativen Geldanlage einen höheren Ertrag erzielen könnte.“*[29]
Mit einfachen Worten: Bausparen ist Vertrauenssache. Wie es oben bereits einmal angeklungen ist, erwirbt der Bausparer das Vertrauen der Bausparkasse durch seine regelmäßige Sparleistung. Diese vorausgesetzt, sagt die Bausparkasse dem Bausparer bereits bei Abschluss des Bausparvertrags einen Darlehenszinssatz zum Zeitpunkt der Zuteilungsreife fest zu – unabhängig davon, ob die Bausparkasse dann die Kundenanlage woanders mit einer höheren Rendite platzieren könnte.
Bausparer bilden eine Schicksalsgemeinschaft Gleichgesinnter, die es ihnen ermöglicht, dass jeder einzelne schneller zu seinem Baugeld kommt, als wenn er dieses alleine für sich ansparen würde. Die Bausparkasse ist die Institution, die den gemeinsamen Topf der Bausparer wie eine Art Treuhänder verwaltet. Die Kernkompetenz der Bausparkasse liegt darin, durch Steuerung des Bausparerkollektivs und regelmäßige Anpassungen des Bauspartarifs sicherzustellen, dass der Bausparer sein Darlehen nach angemessener Zeit sowie,

gemessen an der jeweiligen Zinssituation, stets zu einem günstigen Darlehenszinssatz erhält.

Zu einer funktionierenden Marktwirtschaft gehören mal steigende und mal sinkende Zinsen. Dieses Auf und Ab ist das Umfeld, in dem die Bausparkasse im Sinne aller Bausparer zinssichernd und zinssenkend wirkt. Zwischen den Vertragspartnern herrscht dabei ein ausgeglichenes Geben und Nehmen: Der Bausparer spart regelmäßig und gibt sich mit etwas niedrigeren Guthabenzinsen in der Ansparphase zufrieden. Im Gegenzug erhält er von der Bausparkasse eine rechtsverbindliche Darlehenszusage einschließlich eines festgelegten günstigen Sollzinssatzes.

Die Bausparkassen haben sich in ihrer Geschichte dabei gegenüber den Bausparern stets sehr flexibel und unbürokratisch gezeigt. So stellte es in der Regel kein Problem dar, wenn der Bausparer seine Sparleistung erst über einen längeren Zeitraum erbrachte als zunächst vereinbart, oder wenn er sich nach Zuteilungsreife noch einige Jahre mit dem Abruf des Darlehens Zeit ließ. Dieses generöse Verhalten war für die Bausparkassen stets selbstverständlich. Aus heutiger Sicht wohl zu selbstverständlich, muss man hinzufügen. Hätten die Bausparkassen auf diesen besonderen Kundennutzen in der Vergangenheit konsequenter hingewiesen, wäre ihnen vielleicht heute manche Anfeindung aus Richtung des Verbraucherschutzes erspart geblieben. Hier drängt sich der Eindruck auf, dass diese „impliziten" – also ungeschriebenen, jedoch gelebten – Bestandteile des Bausparvertrags beim Vergleichen mit anderen Formen der Baufinanzierung schlichtweg übersehen werden. Hierzu nochmals Hans-Peter Burghof:

„[Bausparen enthält] *eine starke implizite Komponente. Vor allem das Verhalten der Bausparkasse ist nicht nur durch das bestimmt, was der Kunde auf der Grundlage des abgeschlossenen Vertrags gegenüber der Bausparkasse durchsetzen kann. Die Institution der Bausparkasse gewährt darüber hinaus ein konstruktives Verhalten vor allem bei der*

*Kreditvergabe. […] Grundsätzlich gilt, dass derartige langfristige Bindungen in Reputationsgleichgewichten das Spektrum möglicher vertraglicher Vereinbarungen erheblich erweitern und dadurch einen Mehrwert gegenüber einer nur auf durchsetzbare vertragliche Bestandteile reduzierten Kooperation erzeugen.*" Und weiter heißt es bei ihm: „*Bausparen ist ein gutes Beispiel für den Wert von langfristiger Bindung und Reputation. Ein anderes Merkmal solcher Reputationsgleichgewichte ist allerdings ihre Fragilität. Sie benötigen einen stabilen Rahmen, da die Treue zu den impliziten Vertragsbedingungen eben nicht eingeklagt werden kann.*"[30]

*Schutz des Bausparkollektivs hat Vorrang*

Besonders deutlich wird der verengte Blick auf die Bausparkassen anhand des sehr unschönen, jedoch zugleich unvermeidlichen Themas Kündigungsaktionen hochverzinster Altverträge: Um das Bausparerkollektiv in seiner Gesamtheit zu schützen, sehen sich die Bausparkassen in den letzten Jahren gezwungen, Bausparverträge, die vollständig bespart sind, zu kündigen. Solche Verträge haben nämlich ihre Zweckbestimmung, nämlich einen Darlehensanspruch zu begründen, verloren. Weiterhin werden Bausparverträge gekündigt, die bereits seit mehr als zehn Jahren zuteilungsreif sind, ohne dass das Darlehen vom Bausparer jemals abgerufen wurde. Diese Verträge – sie machen im Übrigen nur einen kleinen Bruchteil aus, gemessen an den gesamten Vertragsbeständen der Bausparkassen – stammen aus den Zeiten, als sich die Zinsen noch um ein volkswirtschaftlich gesundes Niveau herum bewegen durften. Im Zeitalter des künstlich nahe Null gehaltenen Zinsniveaus ist es für die Bausparkassen schlichtweg unmöglich geworden, solche Zinszusagen für Bausparguthaben weiterhin und auf unbegrenzte Zeit zu erwirtschaften. Hierzu nochmals Burghof:

„*Die Verbraucherverbände formulieren recht aggressiv den Anspruch, dass auf diese Altverträge hohe Zinsen auf unbestimmte Dauer zu zah-*

*len seien, und beraten ihre Kunden auch dahingehend. Eine rechtliche Würdigung dieser Haltung steht mir nicht zu. In ökonomischer Betrachtungsweise ist offenkundig, dass mit der Bereitschaft seitens der Bausparkassen, ein flexibles Ansparverhalten vertraglich zu akzeptieren, sicher nicht die Absicht verbunden war, sich damit auf eine quasi ewige Zinsbindung einzulassen."*[31]

Richtig ist, dass in vielen Bausparverträgen keine maximale Laufzeit für die Ansparphase vereinbart wurde. Richtig ist auch, dass die Bausparkassen „Freundsparer" mit einträglichen Zinssätzen auf Bauspareinlagen geworben haben. Durch diesen zusätzlichen Mittelzufluss konnten sie in den Hochzinsphasen den „Zwecksparern" die begehrten zinsgünstigen Bauspardarlehen schneller zuteilen. Von dieser „Win-Win-Win"-Situation hatten alle etwas: die „Zwecksparer", die „Freundsparer" und die Bausparkassen. Niemand – weder die Bausparkassen noch die Finanzaufsicht, die diese Tarifwerke so genehmigt hat, noch die Akteure des Verbraucherschutzes – konnte vorhersehen, dass es einmal eine so lange und extrem ausgeprägte Niedrigzinsphase geben würde. Vielmehr handeln die Bausparkassen selbst im Sinne der Verbraucher, wenn sie, im ökonomischen Interesse der großen Mehrheit der Bausparer, bei einer kleinen Minderheit Vertragskündigungen vornehmen.

Fazit: Das Bausparkollektiv, die Gemeinschaft der Bausparer also, ist das Instrument, das es ermöglicht, von den Schwankungen des Kapitalmarkts unabhängig und viele Jahre im Voraus zinsgünstige Baudarlehen zuzusagen und zur Verfügung zu stellen. Somit ist es auch die oberste Pflicht der Bausparkassen, ihre Kollektive zu schützen und über wirtschaftliche Partikularinteressen – so berechtigt sie aus der Perspektive des Einzelnen erscheinen mögen – zu stellen. Seine Kapitalmarktunabhängigkeit als kollektives Sicherungssystem macht das Bausparen zu einer eigenständigen und integralen Säule des bemerkenswert krisensicheren deutschen Finanzmarktsystems.

*Eine Finanzmarktstabilität „Made in Germany" gilt es auch im Interesse Europas zu verteidigen*

Unsere Finanzmarktstabilität und die Faktoren, auf denen diese beruht, sind ein hohes Gut, das meines Erachtens aus deutscher Sicht in Europa nicht verhandelbar sein darf. Es darf nicht sein, dass die Besonderheiten des nachweislich krisenfesten deutschen Finanzmarkts einem europäischen Normierungseifer geopfert werden, der als geeignete Reaktion auf eine Krise gelten soll, die dem Gegenteil zu verdanken ist: dem Geschäftsgebaren der 2008 insolvent gegangenen US-Investmentbank Lehman Brothers. Einer hemmungslosen Vergabe- und Verbriefungspraxis amerikanischer Subprime-Kredite. Oder einer ähnlich tollkühnen Baufinanzierungspraxis angelsächsischer Prägung in etlichen europäischen Nachbarstaaten, die 2008 und in den Folgejahren Ansteckungen und Marktverwerfungen über den Atlantik hinweg begünstigte.[32] Ganz im Gegenteil sollte Deutschland hier, soweit übertragbar, für andere europäische Länder Vorbild und Blaupause sein. Ob es so weit jemals kommen wird, ist zumindest fraglich. Denn obwohl Deutschland die Überlegenheit des einzigartigen Dreisäulenmodells aus privaten, öffentlich-rechtlichen und genossenschaftlich organisierten Banken in Einheit mit dem Bausparen im Verlaufe der europäischen Finanzmarktkrise klar bewiesen hat, bleibt das Unbehagen europäischer Institutionen gegenüber der Abweichung von der Norm bestehen.[33]
Das Dreisäulenmodell der Banken findet seinen Niederschlag spiegelbildlich auch in der Landschaft der Bausparkassen, die sich zusammensetzt aus den privaten Bausparkassen, den – den Sparkassen angeschlossenen – öffentlich-rechtlichen Landesbausparkassen und der Bausparkasse Schwäbisch Hall im genossenschaftlich organisierten Verbund der Volksbanken.

Seit es Bausparen gibt wird sein Nutzen immer wieder in Frage gestellt.

## 7. Bausparen hat Zukunft

Bausparen hat also zweifellos seine besondere Berechtigung, und es gibt gerade in der Niedrigzinsphase viele gute Gründe dafür. Es ist bei den Menschen über Jahrzehnte eingeübte Praxis, und die Bausparkassen sowie das Bausparen haben seit ihrem Bestehen zahlreiche Krisen überstanden und gemeistert. Mehr noch, sie haben selbst zur Krisenfestigkeit Deutschlands beigetragen.

Zugleich kann nicht geleugnet werden, dass die anhaltende Niedrigzinsphase die Bausparkassen unter erheblichen Ertragsdruck gebracht hat, was jedoch für große Teile der Finanzwirtschaft, insbesondere auch für Banken und Versicherungen, gilt. Die Bausparkassen haben jedoch ihre Hausaufgaben gemacht und unter anderem mit neuen Tarifen und erheblichen Senkungen ihrer Verwaltungskosten auf die neue Realität anhaltend niedriger Zinsen reagiert. Der Fortbestand des Bausparens ist somit gesichert, wie auch die staatliche Förderung des Bausparens aus guten Gründen fortbestehen wird. Dies sind gute Nachrichten für die Wohneigentumsbildung, den Vermögensaufbau einkommensschwächerer

Haushalte, für solide Immobilienfinanzierungen, eine weiterhin schwankungsarme Wertentwicklung der Wohnimmobilien sowie für einen gewohnt stabilen Finanzmarkt in Deutschland.
Doch wie wird sich das Bausparen weiterentwickeln? Sind neue Impulse zu erwarten, und welche könnten dies sein? Wir wagen einen Ausblick mit vier Thesen zur Zukunft des Bausparens.

**These 1: Das Bausparen kehrt zurück zu seinen Wurzeln.**
In früheren Jahrzehnten halfen die „Freundsparer" jenen im Bausparerkollektiv, die ein Darlehen in Anspruch nehmen wollten dabei, dass ihnen dieses schneller zugeteilt werden konnte. In einem Umfeld höherer Zinsen war dies ein „Win-Win-Win-Geschäft" für Bausparer, „Freundsparer" und Bausparkassen. Im anhaltenden Niedrigzinsumfeld wird Bausparen zunehmend zu seinen Wurzeln zurückgeführt. Der Kernnutzen, die Erlangung des Anspruchs auf ein zinsgünstiges und zinssicheres Darlehen mit vollständig flexiblen Rückzahlungsbedingungen, tritt wieder voll in den Mittelpunkt des Kundeninteresses. Bausparen als kollektives Zwecksparen und kapitalmarktunabhängiges Zinssicherungsinstrument.

**These 2: Bausparkassen werden zum lebenslangen Begleiter des Hauseigentümers.**
Der Erwerber von Wohneigentum gewinnt persönliche Freiheit sowie Lebensqualität und wird stolzer Eigentümer einer Immobilie. Eigentum verpflichtet jedoch zugleich, und so übernimmt der Bauherr oder Käufer Verantwortung für eine Immobilie über Jahrzehnte oder auch auf Lebenszeit. Früher oder später werden Modernisierungsmaßnahmen erforderlich, um die Funktionen des Hauses zu gewährleisten, die Wohnqualität zu erhalten, zu verbessern und um den Wert der Immobilie zu erhalten. Somit gilt es, auch diese Folgeinvestitionen solide zu finanzieren. Je länger die massenhafte Zerstörung von Wohnraum durch den Zweiten Welt-

krieg glücklich hinter uns liegt und je stärker die Ansprüche an das Wohnen und die Wohnhäuser steigen, desto deutlicher rücken diese Aspekte in den Vordergrund. Durch geeignete Finanzierungsprodukte und flankierende Beratungsangebote werden Bausparkassen zu lebenslangen, kompetenten und vertrauensvollen Begleitern ihrer Kunden mit Wohneigentum.

**These 3: Im Konzept des Bausparens steckt ein letztlich unerschöpfliches Innovationspotenzial.**

In der Grundkonstellation des Bausparens, also dem Vorsparen, mit dem Ziel, ein zinsgünstiges und zinssicheres, wohnwirtschaftlich zu verwendendes Darlehen zu erhalten, steckt ein grundsätzlich unerschöpfliches Potenzial für innovative Angebote an die Adresse verschiedenster Zielgruppen mit ihren Bedürfnissen. Dies können zum Beispiel ganz aktuell Zuwanderer sein, für die Bausparen eine Chance für Bonitätsaufbau unabhängig von Berufsstatus oder Festanstellung bieten kann. Dies können Eltern sein, die frühzeitig einen Grundstock für die Finanzierung einer eigenen Studentenwohnung auf den umkämpften Wohnungsmärkten der Studentenstädte legen wollen. Oder dies können Wohneigentümergemeinschaften sein, die gemeinschaftlich für die Finanzierung zukünftig erforderlicher Modernisierungsmaßnahmen vorsparen wollen. Für diese und viele weitere denkbare Anforderungen können Bausparprodukte flexibel ausgestaltet und zugeschnitten werden.

**These 4: Der Staat steht bei den (Bau-)Sparern in der Pflicht.**

Nach Berechnungen der DZ Bank haben die Sparer in Deutschland durch die Niedrigzinspolitik der EZB in den Jahren 2010 bis 2016 „unter dem Strich“ rund 200 Milliarden Euro verloren.[34] Diesen Verlusten stehen Fördervolumina für die Vermögensbildung gegenüber in Größenordnungen von rund einer halben Milliarde Euro per annum Bausparförderung für die Wohnungsbauprämie[35] sowie einem einstelligen Milliardenbetrag für die gesamte Riester-Förderung.[36] Zugleich spart der Fiskus laut Berechnungen des Kieler Instituts für Weltwirtschaft infolge der Niedrigzinsen rund 100 Milliarden Euro pro Jahr bei der Finanzierung der Staatsschulden ein.[37] Somit profitiert der Staat von der Niedrigzinspolitik zulasten der Sparer, demgegenüber sich die Förderung der Vermögensbildung in marginalen Größenordnungen bewegt. Aus diesem Grund steht der Staat beim (Bau-)Sparer in der Pflicht, die Förderung der Vermögensbildung deutlich auszubauen. Da die selbst genutzte Wohnimmobilie die mit Abstand beliebteste Form der Altersvorsorge ist[38], die zudem die höchste Spardisziplin erzeugt, spräche vieles dafür, diese Förderung auf die Bildung von Wohneigentum, zum Beispiel mit Hilfe von Bausparen, zu konzentrieren.

## 8. Fazit: Deutschland ohne Bausparen? Völlig undenkbar.

Ein Deutschland ohne Bausparen ist undenkbar. Die Beweisführung dafür liefert der vorliegende Aufsatz. Bausparen ist eben mehr als ein Finanzdienstleistungsprodukt unter vielen. Bausparen ist gewachsenes Vertrauen, ist Gemeinschaft, ist ein Finanzkulturgut, verankert im kollektiven Gedächtnis über Generationen, seit nunmehr 95 Jahren.

Menschen vertrauen in das Bausparen, und sie vertrauen ihre Ersparnisse den Bausparkassen an, weil wir seit Gründung der „Gemeinschaft der Freunde“ in Wüstenrot Verantwortung für unsere Bausparer wahrnehmen. Wir tun dies sowohl für den einzelnen Kunden, den wir vor Ort vertrauensvoll und individuell beraten, wie auch für die Gemeinschaft aller Bausparer, das Bausparkollektiv. Dieses ausgeprägte Verantwortungsbewusstsein ist nicht zuletzt ein Erbe Georg Kropps. Nur dem beherzten Handeln und auch dem persönlichen wirtschaftlichen Einstehen von ihm und seinen Mitstreitern bereits kurz nach der Gründung ist es zu verdanken, dass die Idee des Bausparens über die Hyperinflation 1922/23 gerettet

werden und danach ihren Siegeszug durch Deutschland und weitere Staaten antreten konnte.
Auch heute sind die Zeiten sehr bewegt, wenngleich sie durch ganz andere Themen beherrscht werden wie 1921, als Kropp die „Gemeinschaft der Freunde“ gründete. Manches jedoch, wie aufkommende Wohnungsknappheit, kehrt wieder, obwohl die Ursachen heute andere sind und die damalige Dramatik der Wohnungsnot hierzulande in unserer Zeit – zum Glück – nicht erneut droht. Das Bausparen als bewährter Weg zum Wohneigentum hat alle gesellschaftlichen Turbulenzen und wirtschaftlichen Krisen in den Jahrzehnten bis heute schadlos überstanden. Bausparen hat Millionen Menschen Sicherheit gegeben, Sicherheit beim Sparen, Sicherheit für die Finanzierung der eigenen vier Wände sowie die emotionale und ganz reale Sicherheit, die das eigene Heim uns spendet. Umso mehr, wenn das Haus erst einmal vollständig abbezahlt ist.
So wie Bausparen mehr ist als ein Finanzprodukt unter vielen, ist der Erwerb von Wohneigentum mehr als einfach eine Vorsorgeform unter vielen. Bausparer und Erwerber von Wohneigentum erwirtschaften auch mehr als nur eine monetäre Rendite. Sie streben nach einer Lebenszielrendite, indem sie nicht nur Vermögen aufbauen, sondern dabei noch qualitätsvoll wie selbstbestimmt leben und wohnen, ihren Lebensabend sicher und ohne steigende Mietkosten in den eigenen vier Wänden verbringen und gegebenenfalls noch einen Sachwert an die Nachkommen vererben. Ihre Vermögensbilanz ist sowohl materieller als auch, was mindestens genauso wichtig ist, immaterieller Natur.
Im Ergebnis war und ist Bausparen für Millionen Menschen der erste Schritt hin zur in der Regel größten und zugleich auch lohnendsten Investition im Leben: der eigenen Immobilie. Deutschland ohne Bausparen ist auch deshalb völlig undenkbar, weil diese anhaltend beliebte Finanzierungsform eines der Räder in dem au-

ßerordentlich robusten Getriebe ist, das hier als „Finanzmarktstabilität ‚Made in Germany'" bezeichnet wurde.
Den zentralen Ruhepol für die Finanzmarktstabilität bildet ein langsam, aber stetig wachsendes privates Immobilienvermögen der Deutschen, das dank staatlich gefördertem Vorsparen (Bausparen), dem Einsatz von ausreichendem Eigenkapital, einer ausgeprägten Festzinstradition und der Refinanzierung von Hypothekendarlehen durch Pfandbriefe deutscher Prägung außerordentlich solide finanziert ist. Dies markiert den entscheidenden Unterschied zu vielen Nachbarländern mit angelsächsischer Finanztradition. Darauf dürfen wir zu Recht stolz sein, und dabei muss es auch bleiben. Hier können andere von Deutschland lernen.
Zur Wahrnehmung von Verantwortung in Zeiten langanhaltend künstlich niedrig gehaltener Zinsen gehören für die Bausparkassen auch unpopuläre Maßnahmen wie die Kündigung hochverzinster Altverträge. Die Unabhängigkeit vom Kapitalmarkt ist es, die den spezifischen Beitrag des Bausparens zur Finanzmarktstabilität ausmacht. Hierfür bedarf es des gesunden Kollektivs der Bausparer, das einen ständigen, in sich geschlossenen Finanzierungskreislauf ermöglicht.
Der Gesetzgeber ist sich der Bedeutung der Bausparkassen und des Bausparens für Deutschland auch heute bewusst. In Reaktion auf die anhaltende Niedrigzinsphase hat er die Beinfreiheit der Bausparkassen mit Augenmaß erweitert, indem er das Bausparkassengesetz Ende 2015 novellierte. Er tat dies, ohne die gesetzliche Spezialität aufzuheben oder das oberste Gebot der Sicherheit der Bauspareinlagen in Frage zu stellen. Die Bausparkassen arbeiten derzeit daran, die gewonnenen Spielräume zu nutzen. Beispielsweise bietet Wüstenrot bereits seit dem Sommer 2016 unter entsprechenden Bonitätsvoraussetzungen Finanzierungen mit einem Beleihungsauslauf von bis zu 100 Prozent an.

Deutschland ohne Bausparen würden nicht zuletzt einige besonders schöne Werbemotive fehlen. Im Sektor der Finanzwirtschaft waren die Bausparkassen Vorreiter in der Massenkommunikation. Diese frühen Kampagnen rankten sich insbesondere um das Jahresschlussgeschäft, also die Sicherung der staatlichen Bausparförderung für das auslaufende Jahr. Auch diese, bis heute eminent wichtige Fähigkeit der Bausparkassen, Menschen in großer Zahl für den Bauspargedanken zu begeistern, weist auf den Wüstenrot-Gründer Georg Kropp zurück, auf seine besonderen Talente, was persönliche Überzeugungskraft, rednerische Fähigkeiten und werbepublizistische Formulierungsgabe anging.[39]

Menschen für das Bausparen zu begeistern, Vertrauen aufzubauen, die Gemeinschaft der Bausparer vorausschauend zu organisieren, Sicherheit zu bieten und ein verlässlicher Partner zu sein: dies war stets das Wesen Wüstenrots und das Wesen des Bausparens. Diese Sicherheit und dieses Vertrauen brauchen die Menschen in Zeiten mit vielen verstörenden Ereignissen in besonderem Maße. Auf ihre Bausparkasse können sie sich in Zukunft genauso verlassen, wie sie es jederzeit in der Vergangenheit konnten, und wie sie es heute können und auch tun. Daran arbeiten wir bei Wüstenrot täglich. Mit Ernsthaftigkeit, großem Einsatz und viel Begeisterung.

# Anmerkungen

[1] Vgl. Bernd Hertweck: Bausparen im deutschen Retail-Markt, in: Detlef Hellenkamp, Kai Fürderer (Hrsg.): Handbuch Bankvertrieb – Theorie und Praxis im Zukunftsdialog, Wiesbaden 2016, S. 172 ff., S. 181 f.

[2] Vgl. Henger, Ralph und Michael Voigtländer: Immobilienfinanzierung nach der Finanzmarktkrise – Zusammenhänge, internationale Unterschiede und Regulierungsgefahren, Reihe Forschungsberichte aus dem Institut der deutschen Wirtschaft Köln, Nr. 73, Köln 2011, S. 5 ff.

[3] Ebenda, S. 23 ff.

[4] Eine ganze Reihe an Studien aus Wissenschaft und Marktforschung belegen regelmäßig den ausgeprägten Wunsch in der Bevölkerung nach Wohneigentum, stellvertretend: Prof. Brettschneider, Universität Hohenheim, im Auftrag der Stiftung Bauen und Wohnen (LBS), Hohenheim 2015.

[5] Verband der Privaten Bausparkassen e. V. (Hrsg.): Jahrbuch des Verbandes der Privaten Bausparkassen – Bausparen 2016, Berlin 2016; Immobilien & Finanzierung – Der langfristige Kredit, Ausgabe 18/2016, Frankfurt am Main, S. 26 ff.

[6] Verband der Privaten Bausparkassen e. V., laufende Verbandsstatistik.

[7] Verband der Privaten Bausparkassen e. V., http://www.bausparkassen.de/index.php?id=bausparen, abgerufen am 28.10.2016.

[8] Repräsentative Mehrbezieherstudie von TNS Infratest, finanzwirtschaftliche Marktforschung im Auftrag von Finanzinstituten (nicht veröffentlicht), München 2016 und Vorjahre.

[9] Nahezu jeder zweite deutsche Haushalt verfügt über mindestens einen Bausparvertrag. Damit zählt Bausparen neben der gesetzlich vorgeschriebenen Haftpflichtversicherung für Kraftfahrzeuge, der Unfallversicherung und dem Sparbuch zu den Finanzdienstleistungsprodukten mit der höchsten Marktdurchdringung, vgl. GfK Finanzmarktpanel, 2015 und Vorjahre.

[10] Tichys Einblick – das liberal-konservative Meinungsmagazin, http://www.tichyseinblick.de/kolumnen/schaefflers-freisinn/die-sparkultur-stirbt-scheibchenweise/, abgerufen am 28.10.2016.

[11] Ebenda.

[12] Vgl. Sparkassen- und Giroverband (Hrsg.): Vermögensbarometer 2015.

[13] Vgl. Bundesministerium für Arbeit und Soziales: Zusätzliche Altersvorsorge http://www.bmas.de/DE/Themen/Rente/Zusaetzliche-Altersvorsorge/statistik-zusaetzliche-altersvorsorge.html, abgerufen am 28.10.2016.

[14] Matthias Metz: Bausparen gehört zum Finanzkulturgut der Deutschen, in: Immobilien & Finanzierung – Der langfristige Kredit, Ausgabe 1/2008, Frankfurt am Main, S. 39 f.

[15] Sonderauswertungen der Einkommens- und Verbrauchsstichprobe (EVS) 2008, 2013 des Statistischen Bundesamtes im Auftrag der Privaten Bausparkassen und der Landesbausparkassen (nicht veröffentlicht).

[16] Vgl. Bernd Hertweck: Immobilien und Altersvorsorge, in: Daniel Arnold, Nico B. Rottke und Ralph Winter (Hrsg.): Wohnimmobilien – Lebenszyklus, Strategie, Transaktion, Wiesbaden 2016, Abschnitt 10.3.

17 Vgl. Matthias Metz: Bausparen gehört zum Finanzkulturgut der Deutschen, in: Immobilien & Finanzierung – Der langfristige Kredit, Ausgabe 1/2008, Frankfurt am Main, S. 39 f.

18 Vgl. Reinhardt Klein: Das Bausparen ist ein Pfeiler der Sparkultur in Deutschland, in: Immobilien & Finanzierung – Der langfristige Kredit, Ausgabe 7/2015, Frankfurt am Main, S. 222 f.

19 ISG Institut für Sozialforschung und Gesellschaftspolitik GmbH: Vermögens- und Wohnkostensituation von Eigentümer- und Mieterhaushalten, Auswertung des SOEP sozio-oekonomisches Panel, Erhebungsjahr 2012, im Auftrag der Wüstenrot Bausparkasse AG (nicht veröffentlicht), Köln 2016.

20 Vgl. Bernd Hertweck: Immobilien und Altersvorsorge, in: Daniel Arnold, Nico B. Rottke und Ralph Winter (Hrsg.): Wohnimmobilien – Lebenszyklus, Strategie, Transaktion, Wiesbaden 2016, Abschnitt 10.7.

21 Vgl. Bundesministerium für Arbeit und Soziales: Zusätzliche Altersvorsorge http://www.bmas.de/DE/Themen/Rente/Zusaetzliche-Altersvorsorge/statistik-zusaetzliche-altersvorsorge.html, abgerufen am 28.10.2016.

22 Repräsentative Mehrbezieherstudie von TNS Infratest, finanzwirtschaftliche Marktforschung im Auftrag von Finanzinstituten (nicht veröffentlicht), München 2016 und Vorjahre.

23 Vgl. u. a. DIE WELT, Kategorie Service-Champions im erlebten Kundenservice, 10/2016; FOCUS MONEY, Kategorien Höchste Kundenzufriedenheit sowie Bester Service, 20/2016; FOCUS MONEY, Kategorie Höchste Weiterempfehlung, 28/2016.

24 Vgl. Bernd Hertweck: Bausparen im deutschen Retail-Markt, in: Detlef Hellenkamp, Kai Fürderer (Hrsg.): Handbuch Bankvertrieb – Theorie und Praxis im Zukunftsdialog, Wiesbaden 2016, S. 179 f.

25 Vgl. GdW Bundesverband deutscher Wohnungs- und Immobilienunternehmen e. V. (Hrsg.): Schwarmstädte in Deutschland – Ursachen und Nachhaltigkeit der neuen Wanderungsmuster, Bearbeitet von Harald Simons, Lukas Weiden, empirica ag, Berlin 2015.

26 Vgl. Dr. Reiner Braun, Jan Grade: Beitrag des Eigenheimbaus zur Wohnraumversorgung in NRW, empirica ag, im Auftrag der LBS Westdeutsche Landesbausparkasse, Bonn 2016.

27 Vgl. Michael Voigtländer, zitiert in FOCUS MONEY online: http://www.focus.de/immobilien/finanzieren/niedrige-zinsen-nutzen-nur-den-reichen-wegen-neuer-eu-richtlinie-fuer-viele-deutsche-platzt-jetzt-der-traum-vom-eigenheim_id_5558139.html, abgerufen am 28.10.2016

28 Vgl. Stiftung Warentest Finanztest, Ausgabe 7/2016.

29 Hans-Peter Burghof: Bausparen und die Niedrigzinsphase, in: Immobilien & Finanzierung – Der langfristige Kredit, Jahrgang 2015, Frankfurt am Main, S. 618–622.

30 Ebenda.

31 Ebenda.

32 Vgl. Henger, Ralph und Michael Voigtländer: Immobilienfinanzierung nach der Finanzmarktkrise – Zusammenhänge, internationale Unterschiede und Regulierungsgefahren, Reihe Forschungsberichte aus dem Institut der deutschen Wirtschaft Köln, Nr. 73, Köln, 2011, S. 5 ff.

33 Vgl. Hans-Peter Burghof: Bausparen und die Niedrigzinsphase, in: Immobilien & Finanzierung – Der langfristige Kredit, Jahrgang 2015, Frankfurt am Main, S. 618–622.

[34] Vgl. DIE WELT online: Nullzins-Ära bringt Sparer um 200 Milliarden Euro, veröffentlicht am 10.04.2016: https://www.welt.de/wirtschaft/article154173309/Nullzins-Aera-bringt-Sparer-um-200-Milliarden-Euro.htmlX, abgerufen am 28.10.2016.

[35] Bundesministerium der Finanzen (Hrsg.): Fünfundzwanzigster Subventionsbericht – Bericht der Bundesregierung über die Entwicklung der Finanzhilfen des Bundes und der Steuervergünstigungen für die Jahre 2013 bis 2016, Berlin 2015.

[36] Vgl. Edgar Kruse, Antje Scherbarth: Förderung der Riester-Rente durch Zulagen und Sonderausgabenabzug, in: RV aktuell, Ausgabe 5/2015, Berlin.

[37] Vgl. DIE WELT online: Bund spart 100 Milliarden Euro durch Niedrigzinsen, veröffentlicht am 11.06.2013: https://www.welt.de/newsticker/dpa_nt/infoline_nt/wirtschaft_nt/article117035279/Bund-spart-durch-Niedrigzinsen-mehr-als-100-Milliarden-Euro.html, abgerufen am 28.10.2016.

[38] Repräsentative Mehrbezieherstudie von TNS Infratest, finanzwirtschaftliche Marktforschung im Auftrag von Finanzinstituten (nicht veröffentlicht), München 2016 und Vorjahre.

[39] Vgl. Eberhard Langer: Georg Kropp – Begründer des deutschen Bausparwesens 1865–1943, in: Georg Kropp: Aus Armut zum Wohlstand, Schriftenreihe des Bauspar-Museums Wüstenrot, Band 1, Bad Schussenried 2012, S. 167–199.

# Georg Kropp (1865–1943) – Eine biographische Würdigung[1]

Klemens Grube

## 1. Einleitung – oder ein Sturm als erster Weichensteller

In der Nacht vom 31. Oktober auf den 1. November 1880 kommt es zu einem folgenschweren Unglück. Kapitän Carl Kropp (1821–1895) ist mit der Bark „Lessing", einem 1848 erbauten Dreimaster, auf Fahrt. Von Gloucester im Südwesten Englands kommend, ist das Schiff unter Ballast auf dem Weg nach Kopenhagen. Der Kapitän des 1848 erbauten Schiffes befehligt neun Männer. Sie befinden sich auf dem Kattegat, einer Meeresverbindung von Nord- und Ostsee, zwischen Dänemark und Schweden gelegen.[2] Mannschaft und Schiff trotzen der schweren See bei orkanartigen Winden. Der Wetterbericht der Deutschen Seewarte vom Morgen des 1. November vermeldet: „Ein neues Minimum ist während der Nacht im nördlichen Nordseegebiet erschienen und mit ungewöhnlicher Geschwindigkeit südostwärts bis zu den dänischen Inseln fortgeschritten, an der deutschen Küste von Borkum bis Rügen Sturm aus West und Nordwest hervorrufend".[3] Bereits am 29. und 30. Oktober zogen Tiefdruckgebiete mit mäßiger Intensität über die Nordsee ostwärts.[4] Auf der Rückseite des Tiefs hat sich vermutlich eine sogenannte Skagerrak-Zyklone gebildet, ein eigenständiges Randtief, das sich sehr schnell und stark intensivieren kann und zu heftigen Sturmwirbeln führt.[5]

Der Sturm, in dem sich die Bark „Lessing" befand, ist gut auf der Karte zu erkennen. Die Isobaren, also die Linien gleichen Luft-

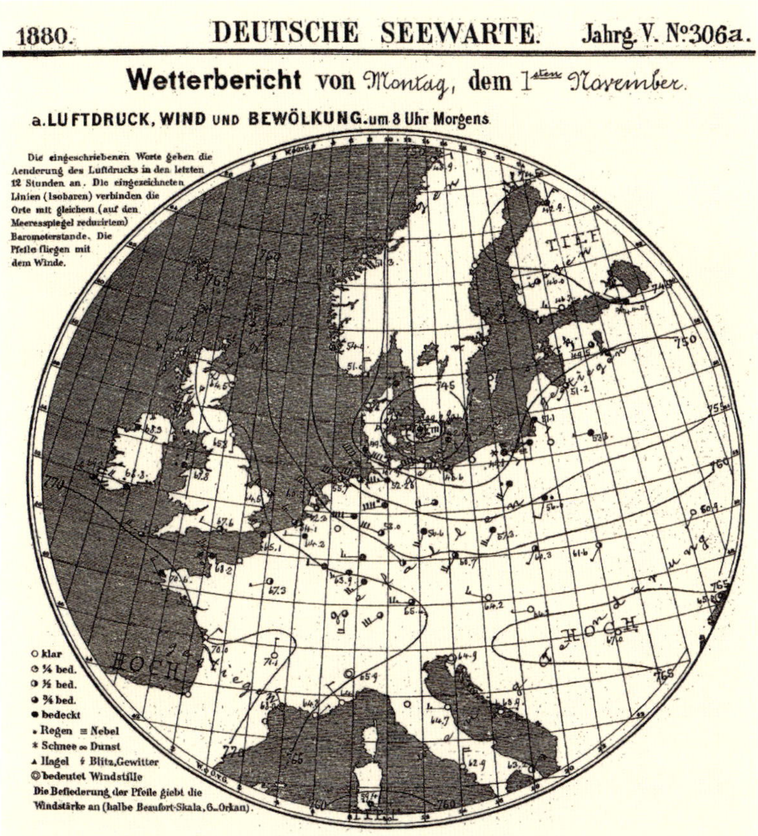


Wetterkarte der Deutschen Seewarte vom 1. November 1880. Das Zentrum des folgenschweren Sturms befindet sich im Kattegat zwischen Dänemark und Schweden.

**Frederikshavn**, 31. October. (Per Tel.) Deutsche Bark **Lessing**, C. Kropp, in Ballast auf Laesör gestrandet. Wahrscheinlich wrack.

**Fredrikshavn**, 18. November. Die auf der NO.-Spitze von Läsö gestrandete Bark **Lessing**, Kropp, aus Swinemünde, wurde vorgestern von einem Taucher des Bergungs-Dampfers Fredrikshavn untersucht und im Boden so stark beschädigt befunden, daß sie wahrscheinlich nicht geborgen werden kann.

Zeitungsmeldungen zum Schiffsunglück der Bark „Lessing" unter dem Kommando von Kapitän Carl Kropp, Ostsee-Zeitung und Börsen-Nachrichten der Ostsee 1880.

drucks, sind eingetragen. Mit den Isobaren verhält es sich wie mit den Höhenlinien einer Wanderkarte. Je enger sie aneinander liegen, desto anspruchsvoller wird es. Bei der Wanderkarte geht es entweder steil bergauf oder bergab, je nachdem, wo man sich befindet und wo man hin will. Analog ist es mit der Wetterkarte – eng zusammenliegende Linien bedeuten hier starken Wind. Über Dänemark und Schweden liegen die Isobaren eng aneinander. Unglücklicherweise befinden sich Kapitän Kropp und seine Mannschaft genau dort. Während die Isobaren einen Eindruck über mögliche Windstärken vermitteln, geben die Kreise mit den Strichen, die sogenannte Befiederung, die Windstärke an. Westlich und östlich von Dänemark gibt es am Morgen noch Pfeile mit bis zu fünf vollen Strichen – das heißt Windstärke zehn nach der Beaufortskala.[6]

Wer nicht an der Küste lebt, kann sich womöglich wenig unter Windstärke zehn vorstellen. Auf und am Meer gibt es dann sehr hohe Wellen, weiße Flecken auf dem Wasser, lange überbrechende Kämme und schwere Brecher. Bei zehn Beauforts an Land sendet die ARD mit Sicherheit einen „Brennpunkt". In solch schwerer See befindet sich das Segelschiff „Lessing". Im Sturm begehen nun sowohl Kapitän Kropp als auch sein Steuermann einen folgenschweren Fehler – sie verwechseln die Seezeichen, das heißt, sie navigieren das Schiff falsch. Es strandet daraufhin an der Nordost-Spitze der dänischen Insel Læsø und fällt wrack. Das Schiff wird so stark beschädigt, dass es nicht geborgen werden kann.[7]

Folgenschwer war das Unglück auf zweierlei Weise. Zum einen hatte es zur Folge, dass Kapitän Kropp sich entschied, für immer von Bord zu gehen und damit auf die Ausübung seines Berufes zu verzichten. So kam er dem Entzug seines Patentes zuvor, denn das Seeamt Stettin hatte im Januar 1881 zwar die Schuld von Kapitän und Steuermann bestätigt, ihnen aber nicht die Erlaubnis zum Führen von Schiffen entzogen. Gegen das Urteil legte der Reichskommissar Beschwerde ein. Im April 1881 bestätigte das Kaiserliche

Ober-Seeamt in Berlin das Urteil des Seeamtes Stettin in Bezug auf den Steuermann. Im Falle von Kapitän Kropp wurde es als erledigt erachtet, da er zukünftig darauf verzichtete, das Schiffer- und Steuermannsgewerbe auszuüben.[8]

Zum anderen hatte der Sturm im Kattegat auch zur Folge, dass der erst 14-jährige Sohn des Kapitäns seinen Wunsch, Segelschiffkapitän zu werden, aufgeben musste. Deshalb schlug Georg Kropp nicht den Weg vieler Küstenjungen ein, die ihren Vätern und Großvätern nacheiferten und ihr Glück auf Hoher See suchten. Der Sohn von Kapitän Kropp erlitt den ersten von vielen Rückschlägen in seinem Leben, wofür man aus heutiger Sicht dankbar sein kann. Von diesem und vielen weiteren Rückschlägen erholte er sich und wurde später zum Begründer des deutschen Bausparwesens.

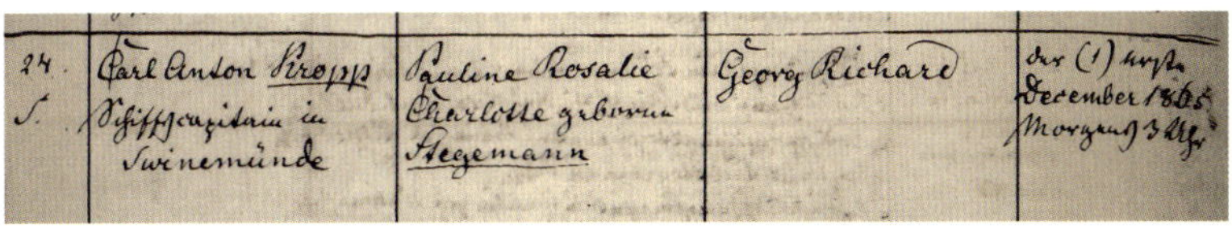

| | | | | |
|---|---|---|---|---|
| 24. S. | Carl Anton Kropp Schiffscapitain in Swinemünde | Pauline Rosalie Charlotte geborne Stegemann | Georg Richard | den (1) ersten December 1865 Morgens 3 Uhr |

Taufeintrag von Georg Richard Kropp im Kirchenbuch Swinemünde.

## 2. Kindheit, Jugend und Ausbildung in Pommern

Georg Richard Kropp wurde am 1. Dezember 1865 – vor 150 Jahren – im pommerschen Swinemünde geboren.[9] Das Ostseebad liegt heute in Polen und war seinerzeit vor allem für zwei Dinge bekannt: Zum einen war Swinemünde eine Art Vorhafen für Stettin, die pommersche Provinzhauptstadt. Dadurch war ein reger Schiffsverkehr vorhanden. Zum anderen besitzt Swinemünde, wie die anderen Seebäder auf Usedom, weite und weiße Sandstrände und war auch im Kaiserreich ein Aushängeschild der Badekultur. Einen Eindruck von Swinemünde vermittelt die in Teilen skurril wirkende

Reisenovelle des deutschen Dramatikers Heinrich Laube (1806–1884). Sie entstand zur Mitte des 19. Jahrhunderts:

*„Mittelmäßigen Geographen wird es bekannt sein, daß in der Schule gelehrt wird, die Oder bilde bei ihrem Ausflusse zwei Inseln, Usedom und Wollin; heißt nun auch das Wasser nicht mehr Oder, und datirt es auch nur zum geringsten Theile von ihr, die Sache hat doch ihre ziemliche Richtigkeit, und als wir um eine kleine, mit Fichten sparsam bewachsene Landzunge gebogen waren, lag die östliche Ecke von Usedom vor uns, und darauf mit leuchtenden weißen und gelben Häusern Swinemünde: Es erinnert an die Landhäuserreihe, welche zwischen Padua und Venedig am Ufer der Brenta liegen. Von den vielen Kauffahrern im Hafen schallte jener monotone Matrosengesang, der uns noch zu sprechen geben wird; was noch von Badegästen in Swinemünde war, kam an den Quai, Bolwerk hier genannt, um das Dampfschiff landen zu sehn […] Swinemünde ist das Seebad von Berlin. Obwohl es etwa dreißig Meilen[10] von Berlin entfernt liegt, so kann man doch mit Schnellpost und Dampfschiff in vierundzwanzig Stunden da sein. Nächst den Berlinern sind natürlich die Pommerschen Leiber vorherrschend in diesem Seebade, auch die Schlesier, tief eingekeilt in's Binnenland, wenden sich meist hierher, wenn sie Meereseinflüsse brauchen. Was weiter nach Westen in Deutschland liegt, sucht die Nordsee.“[11]*

*„Die vor mir liegenden Hütten sind nur das, was man ein Seebad nennt: auf hölzernen Stegen findet sich ein Quantum Kammern zum Auskleiden, und offene Stege führen etwas weiter in's Meer hinein; in weiße Tempelherrnmäntel gehüllt wandeln die Entkleideten da umher, bis ihnen der Moment kommt, hineinzuspringen. Kränkere, oder die sich sonst mehr separiren wollen, finden zwei große Badekutschen, das heißt mit Leinwand überzogene, auf 4 Rädern stehende Kasten; diese sind schon so weit hineingeschoben in See, daß man von ihnen aus gleich in eine genügende Tiefe des Wassers steigen kann.*

*Wer bei mangelndem Wellenschlage das Wasser stürmischer auf den Leib oder auf bestimmte Theile des Leibes haben will, den versehen Ba-*

*dediener mit genügenden Kübelstreichen, das heißt sie versetzen ihm aus ledernen Kübeln, die etwa wie Feuereimer aussehn, so geschickte Wasserstreiche, als man nur verlangen kann. In der See selbst ist Hauptsache, die heranbrausenden Wellen da aufzufangen, wo sie sich am stärksten brechen. – Das ist alle Verrichtung und Wissenschaft eines Seebades.“*[12]

Ob der zwanzigjährige Georg Kropp solchen Baderitualen beiwohnte, ist nicht überliefert. Bekannt ist, dass er in Swinemünde geboren wurde und aufwuchs. Er war das fünfte Kind des Segelschiffkapitäns Carl Kropp und dessen Frau Pauline. In Swinemünde besuchte er die Bürgerschule.[13] Bis zum Schiffsunglück 1880 hatte sein Vater ihn auf unzählige Nord- und Ostseefahrten mitgenommen. Da der Vater in Folge des Unglücks auf das Führen von Schiffen verzichtete, war er gezwungen, auf andere Art und Weise ein Auskommen zu verdienen. Bereits als Kapitän hatte er sich intensiv mit Heilkunde und Homöopathie beschäftigt. So entschied er sich, sein Interesse zum Beruf zu machen, und eröffnete mit bereits 60 Jahren in Swinemünde eine Drogerie.[14] Laut Adressbuch befand sie sich am Großen Markt 4 – direkt neben dem Bank- und Warengeschäft von Gustav Kantorowicz am Großen Markt 3.[15] Georg Kropp fügte sich der beruflichen Neuausrichtung des Vaters und arbeitete zunächst als Hilfskraft in der Drogerie. Nicht zuletzt dadurch blieb ihm die frühzeitig angestrebte Karriere auf Hoher See verwehrt. Auch seinen Wunsch, Lehrer oder Missionar zu werden, erfüllten ihm die Eltern nicht. Stattdessen begann er eine Lehre beim Vater. Er schloss sie in der medizinisch-technischen Drogenhandlung von Theodor Pée in Stettin ab.[16] Sein Ausbildungsbetrieb handelte seinerzeit mit Parfümen und Toilettengegenständen, russischen Karawanentees, kaukasischen Maschinenölen, Wagenfetten sowie mit Kostbarkeiten wie „Cacao“ und Vanille. Dies lässt sich der Geschäftsanzeige aus dem Stettiner Geschäfts-Empfehler von 1889 entnehmen.

### 3. Berufliche Weiterentwicklung, Heirat und Tod des Vaters

Nach kurzer beruflicher Tätigkeit fernab der Heimat in Elberfeld, heute Wuppertal, ging Kropp 1887/1888 auf Wunsch des Vaters für zwei Semester an die Drogisten-Akademie des Deutschen-Drogisten-Verbandes nach Braunschweig. Er war ein ausgesprochener Musterschüler. So verwunderte es nicht, dass auf der Rückseite seines Abgangszeugnisses folgendes vermerkt wurde: *„Der Inhaber dieses Abgangs-Zeugnisses konnte infolge seiner hervorragenden Leistungen und seines willensstarken Strebens nach Fortbildung mit dem Ehrenzeugnis des Deutschen-Drogisten-Verbandes beehrt werden. In sämtlichen Fächern hat sich Herr Georg Kropp das Prädikat ‚sehr gut' erworben, ein Fall, der seit dem achtjährigen Bestehen der Anstalt noch nicht vorgekommen ist.“* Dem Zeugnis ist zu entnehmen, dass Kropp an der Drogisten-Akademie nicht nur Unterricht in den naturwissenschaftlichen Fächern erhalten hat, sondern dort auch kaufmännisches Rechnen und Buchführung lernte. Ein „sehr gut“ in den Fächern Theorie und Praxis der Photographie, Steuergesetzgebung und Praxis der Schaufensterdekoration konnte er nicht erreichen – aber auch nur, da sie während seiner Zeit an der Akademie nicht angeboten wurden. Neben dem Verbandsehrenzeugnis erhielt Georg Kropp in jedem seiner beiden Semester 50 Mark vom Verband der ehemaligen Braunschweiger Drogisten-Akademiker. Er hatte die gestellte Preisaufgabe jeweils mit Bravour gelöst – im ersten Semester die Erstellung eines Herbariums mit Heilpflanzen, im zweiten Semester das Anlegen einer mustergültigen Drogensammlung. Seine Drogensammlung, heute würde man eher von einer Arzneisammlung sprechen, wurde später als Vorlage für die Sammlung der Drogisten-Akademie genutzt.[17]

Nach seinem erfolgreichen Studium in Braunschweig wollte Kropp zunächst ins Ausland, um weitere Erfahrungen zu sammeln. Jedoch musste er auf Wunsch des Vaters nach Swinemünde zurückkehren,

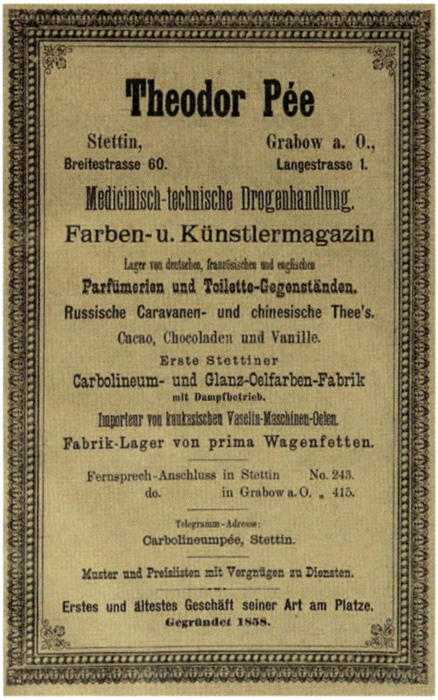


Geschäftsanzeige von Kropps Stettiner Ausbildungsbetrieb.

Georg Kropp im Alter von 20 Jahren

Die von Carl Kropp am großen Markt 4 in Swinemünde eröffnete Drogerie (2.v.l.).

um im väterlichen Geschäft zu helfen. In seiner Heimat heiratete er 1893 mit 27 Jahren seine Cousine Marie Wulf aus Kiel.[18] Sie war mit 23 Jahren bereits elternlos. Ebenfalls 1893 meldeten Vater und Sohn Kropp beim Kaiserlichen Patentamt eine Idee als ihre Erfindung an. Immer noch an Schiffen und der Schifffahrt interessiert, hatten sie gemeinsam einen Eisbrecher entworfen, der in Höhe der Wasserlinie geheizte Wände besaß. Zwei Dinge waren hieran neu: Zum einen sollte das Schiff mittels eines pflugförmigen Bugs das Eis anheben. Dadurch sollte das Eis gebrochen werden – ein Ansatz, der sich jedoch nicht durchsetzen konnte. Noch heute wird Eis gebrochen, indem die Schiffe auf das Eis auflaufen und es durch ihr Eigengewicht zum Brechen bringen. Das andere Novum bestand darin, den Schiffsrumpf in Höhe der Wasserlinie zu erhitzen. So sollte das Festsetzen des Schiffes im Eis verhindert werden. Ein Ansatz, den russische Atomeisbrecher heute noch verfolgen, jedoch mit Hilfe von austretendem Wasserdampf. Ihre Ideen meldeten beide Kropps vier Monate später auch in Großbritannien an, wo sie ebenfalls patentiert wurden.[19]
Einen Tag vor seinem 74. Geburtstag (1895) starb Kapitän Kropp, dadurch verlor die Drogerie ihren Senior. Der Junior wollte oder konnte den Geschäftsbetrieb der Drogerie allein nicht weiter aufrechterhalten. Ein Jahr nach dem Tod des Vaters kam ein neues Adressbuch für Swinemünde heraus. Darin ist am Großen Markt 3 immer noch das Bank- und Warenhaus Kantorowicz zu finden und im Nachbargebäude eine Drogenhandlung. Als Besitzer der Drogenhandlung „Zum rothen Kreuz" ist ein Eugen Breitenfeld aufgeführt. Die Familie Kropp hatte das Geschäft aufgegeben.

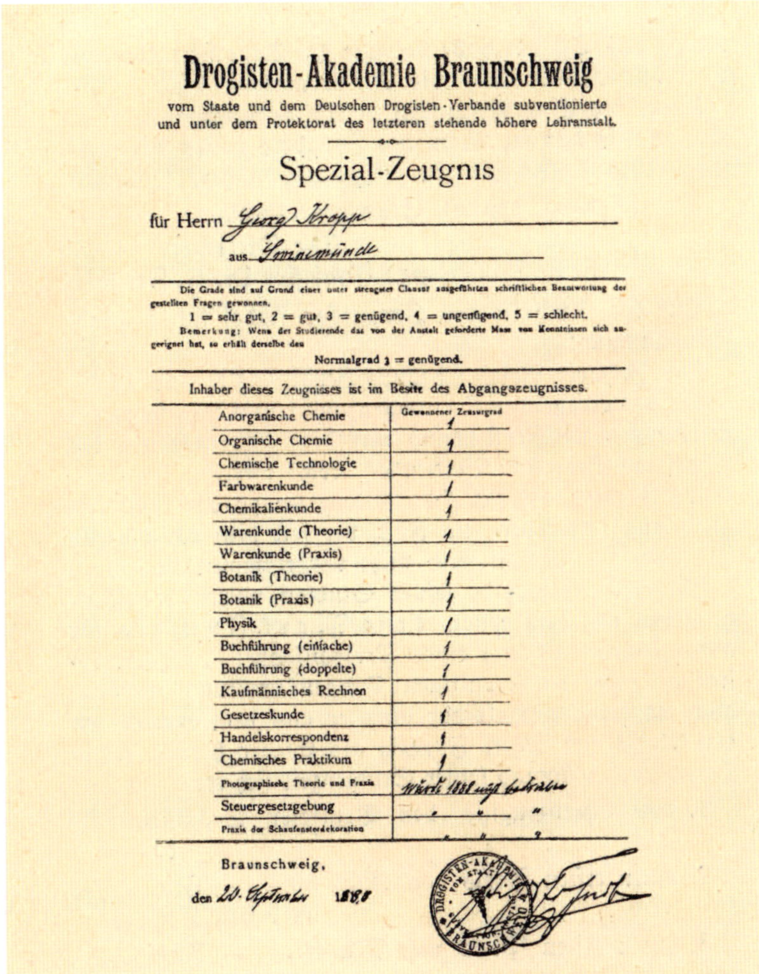

# Drogisten-Akademie Braunschweig

vom Staate und dem Deutschen Drogisten-Verbande subventionierte und unter dem Protektorat des letzteren stehende höhere Lehranstalt.

## Spezial-Zeugnis

für Herrn Georg Kropp

aus Swinemünde

Die Grade sind auf Grund einer unter strengster Clausur ausgeführten schriftlichen Beantwortung der gestellten Fragen gewonnen.

1 = sehr gut, 2 = gut, 3 = genügend, 4 = ungenügend, 5 = schlecht.

Bemerkung: Wenn der Studierende das von der Anstalt geforderte Mass von Kenntnissen sich angeeignet hat, so erhält derselbe den

Normalgrad 3 = genügend.

Inhaber dieses Zeugnisses ist im Besitz des Abgangszeugnisses.

| | Gewonnener Zensurgrad |
|---|---|
| Anorganische Chemie | 1 |
| Organische Chemie | 1 |
| Chemische Technologie | 1 |
| Farbwarenkunde | 1 |
| Chemikalienkunde | 1 |
| Warenkunde (Theorie) | 1 |
| Warenkunde (Praxis) | 1 |
| Botanik (Theorie) | 1 |
| Botanik (Praxis) | 1 |
| Physik | 1 |
| Buchführung (einfache) | 1 |
| Buchführung (doppelte) | 1 |
| Kaufmännisches Rechnen | 1 |
| Gesetzeskunde | 1 |
| Handelskorrespondenz | 1 |
| Chemisches Praktikum | 1 |
| Photographische Theorie und Praxis | wurde 1888 nicht betrieben |
| Steuergesetzgebung | „ „ „ |
| Praxis der Schaufensterdekoration | „ „ „ |

Braunschweig,

den 20. September 1888

Abgangszeugnis Georg Kropps von der Drogisten-Akademie Braunschweig.

KAISERLICHES PATENTAMT.

AUSGEGEBEN DEN 14. OCTOBER 1893.

# PATENTSCHRIFT

— № 71354 —

KLASSE 65: Schiffbau und Schiffsbetrieb.

CARL KROPP & SOHN GEORG in SWINEMÜNDE.

## Eisbrecher mit in Höhe der Wasserlinie geheizten Wänden.

Patentirt im Deutschen Reiche vom 1. März 1893 ab.

---

Die bis jetzt bekannten Eisbrecher sind sämmtlich nach dem Princip des Auflaufens gebaut, d. h. dieselben besitzen einen stark geneigten gebogenen Vordersteven, mittelst dessen sie das Eis von oben her durch ihre Schwere zerbrechen, in welcher Richtung jedoch infolge der Tragfähigkeit des Wassers und weil sich dasselbe nicht zusammendrücken läfst, der gröfste Widerstand vorhanden ist. Aus diesem Grunde besitzen die bekannten Eisbrecher auch lange nicht eine genügende Leistungsfähigkeit.

Um nun die gekennzeichneten Uebelstände zu beheben, ist bei der Construction des den Gegenstand der vorliegenden Erfindung bildenden Eisbrechers, welcher übrigens auch als Schleppschiff, Bergungsdampfer, Passagierschiff und Frachtdampfer, sowie auch für militärische Zwecke geeignet gebaut werden kann, von dem Grundsatz ausgegangen worden, dafs sich jeder Gegenstand am leichtesten nach derjenigen Richtung verdrängen läfst, von welcher aus er selbst den wenigsten Widerstand erleidet.

Das Eis findet nun den meisten Widerstand nach unten, weil es vom Wasser getragen und dieses letztere nicht zusammendrückbar ist, einen sehr grofsen Widerstand in seiner horizontalen Ausdehnung, den wenigsten nach oben, nämlich nur den seiner eigenen Schwere. Hierin liegt der leitende Gedanke der Erfindung, welcher zu dem Ergebnifs führt, dafs ein wirksames Aufbrechen des stärksten Eises und das Wegräumen auf gröfsere Tiefen zusammengeschobener Eismassen nur von unten nach oben möglich ist.

Bestätigt wird das vorstehend Gesagte auch noch durch folgende Beobachtung. Wenn nämlich bei starker Kälte grofse Eisflächen infolge der Ausdehnung zerspringen, so zeigt sich in der Nähe der Risse eine deutlich concav gewölbte Oberfläche, es findet also stets ein Auseinanderklaffen nach oben statt, und zwar aus dem einfachen Grunde, weil nach unten kein Raum vorhanden ist.

Um nun die erläuterte Wirkung mit einem Eisbrecher zu erreichen, ist dessen Vordertheil, wie aus der beiliegenden Zeichnung ersichtlich, nach unten pflugförmig verjüngt und hierdurch befähigt, unter das Eis zu laufen und dasselbe zu heben. Diese Manipulation des Hebens wird aber sehr leicht ausgeführt: erstens, weil das tragende Wasser das durch die Eigenbewegung mit seinem Pflugvordertheil unter das Eis geschobene Schiff nach oben drückt, zweitens, weil das Schiff, aus der seinem Schwerpunkt entsprechenden Lage verdrängt, bestrebt ist, in dieselbe zurückzukehren, bei welcher Gelegenheit das hintere, längere Ende des Schiffes als Hebel wirkt, und drittens, weil das zu $^7/_8$ seines Inhalts im Wasser schwimmende Eis nicht seinem ganzen Gewicht nach zu heben ist, sondern nur derjenige Theil, welcher vor oder während des Hebens über die Oberfläche des Wassers hinausragt. Ist das Eis aber nur um ein Kleines gehoben, also seiner Unterstützung beraubt, so zerbricht es, da es nicht biegsam ist, von selbst in gröfsere Schollen, welche durch den Anprall des Schiffes weiter zertrümmert und infolge der Pflugform seitlich nach oben verdrängt

CARL KROPP & SOHN GEORG IN SWINEMÜNDE.

**Eisbrecher mit in Höhe der Wasserlinie geheizten Wänden.**

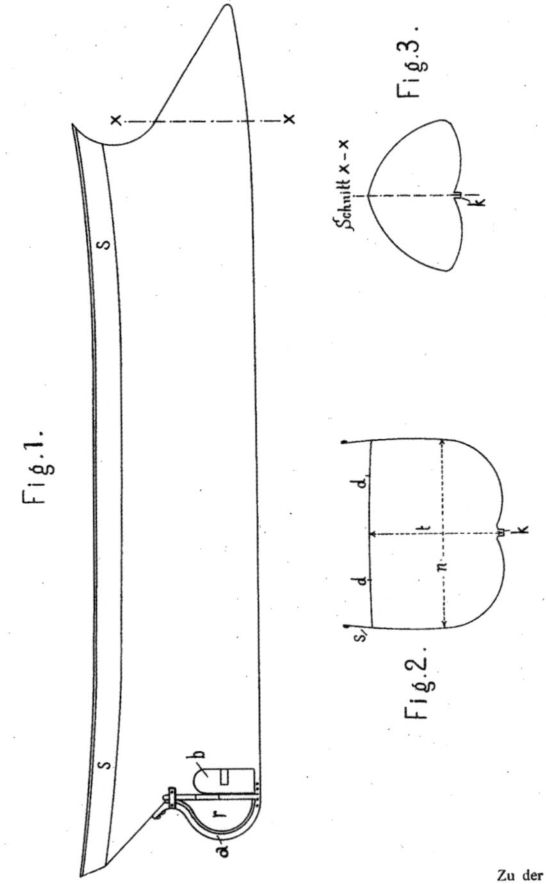


Zu der Patentschrift

**№ 71354.**

PHOTOGR. DRUCK DER REICHSDRUCKEREI.

## 4. Neuorientierung fernab der Heimat

*„Weiße Segel fliegen auf der blauen See,*
*weiße Möwen wiegen sich in blauer Höh',*
*blaue Wälder krönen weißer Dünen Sand;*
*Pommerland, mein Sehnen ist dir zugewandt!"*[20]

Diese zweite Strophe des Pommernliedes wird Kropp womöglich auf den Lippen gehabt haben, als es ihm nach dem Tod des Vaters nach Mannheim verschlug. Kropp besuchte Physik- und Chemievorlesungen an der Universität Heidelberg und eröffnete im Namen seiner Frau eine Drogerie. Am linken Rand einer Reklamekarte ist „M. Kropp, Mannheim" zu erkennen – gemeint war Marie Kropp. Die Drogerie vertrieb hauptsächlich pharmazeutische Produkte. Neben dem einfachen Handelsgeschäft experimentierte Kropp auch mit eigenen pharmazeutischen Produkten. So stellte er eine „Creme Kropp", auch bekannt als „Kropp's Salbe", her. Laut Herstellerangabe war sie eine lindernde Salbe zur Hautpflege.[21] Zudem vertrieb er die von ihm hergestellte „Kropp's Zahnwatte". Sie kostete 50 Pfennig und wurde bei hohlen Zähnen als Zahnschmerzmittel in den Zahn eingedrückt. Wirksamer Bestandteil war spanisches Hopfenöl.[22] Dass es sich um ein Schmerzmittel handeln könnte, lässt sich der Reklamekarte entnehmen. Links ist der wehleidige Patient vor Gebrauch zu sehen, rechts der glückliche Kunde nach Einnahme des Mittels. Zwischen den Bildern ist der Hinweis „Kropp's Zahnwatte hilft sicher!" zu finden. Das Wort „Zahnwatte" ist jedoch bedeutend kleiner geschrieben, sodass von Weitem nur zu lesen ist: „Kropp hilft sicher!". Ein Ausdruck, der zwei Jahrzehnte später auch im Bausparwesen gelten sollte.
Trotz seiner Erfindungen wollte sich auch in Mannheim kein richtiger Erfolg mit der Drogerie einstellen. Kropp veräußerte das Geschäft deshalb und zog nach Neckargemünd. Dort widmete er sich

Ab 1917 gab Kropp jährlich einen Volkskalender mit Lebensweisheiten, Hinweisen und Gedichten heraus – zunächst als „Der Michel“, später als „Glücksbuch“.

nur noch seinen pharmazeutischen Produkten. Aber auch damit war nicht genügend Auskommen zu erzielen. Fortan begann er in ganz Deutschland als Handelsvertreter „Lactagol“ in Apotheken und Drogerien einzuführen.[23] „Lactagol“ war ein trockenes Pulver aus Baumwollsaatmehl. Es diente als eine Art Nahrungsergänzungsmittel und sollte die Milchproduktion anregen. Zielgruppe waren stillende Frauen – bei zehn- bis fünfzehnfacher Dosis aber auch Kühe.[24] Als Kropp diese Handelstätigkeit aufgab, kam er dennoch nicht ganz weg vom Thema der stillenden Frauen. Zum einen hatte er inzwischen selbst drei Kinder (Christliebe, Lotte und Martin), und zum anderen schrieb er in seiner nächsten Anstellung – nun als Werbebeamter – das „Merkbuch für die junge Mutter“. Hiervon wurden mehr als 700.000 Exemplare vertrieben, ohne jedoch ihn als Autor zu benennen. Das kostete ihn seinen schriftstellerischen

Ruhm. Weiterhin gab er ab Herbst 1917 den „Michel-Kalender" heraus – einen Volkskalender mit allerlei nützlichen Hinweisen.[25] Als 1914 der Erste Weltkrieg ausbrach, begann Kropp mit der Herausgabe der „Deutschen Kriegs-Chronik des großen Völkerkampfes". Täglich sichtete er in- und ausländische Blätter und Berichte und hob weitere Quellen, um Material für die Leser zusammenzustellen. Die Chronik war als Abonnement konzipiert. Die mehr als hundert Einzellieferungen konnten später zu Bänden gebunden werden. Im Laufe des Krieges wuchs die Chronik auf fünf Bände mit insgesamt mehr als 3.500 Seiten an. Die letzte Lieferung erschien im Spätsommer 1918. Das Werk war patriotisch, sehr volkstümlich gemacht und reich bebildert. Es enthielt Feldpostbriefe, Schlachtverläufe mit zugehörigen Karten, persönliche Mitteilungen, vaterländische Gedichte und viele Einzelerzählungen, die auf amtlichen Berichten basierten. Als „Leitwort"[26] der Chronik wählte Kropp einen Ausspruch aus der Reichstagsansprache Kaiser Wilhelms II., die er nach der Kriegserklärung Deutschlands an Russland gehalten hatte: „Ich kenne keine Parteien mehr, Ich kenne nur Deutsche."[27]

Entsprechend seiner Herkunft aus dem Drogistenhandwerk und seinem anhaltenden Interesse für die Natur hatte Kropp sich stets mit Pilzen und Kräutern beschäftigt. Noch während der Hungerjahre des Ersten Weltkriegs warb er dafür, mit Pilzen und Wildpflanzen gegen die Unterernährung anzukämpfen. In seinem „Michel-Kalender" von 1917 rief er dazu auf, die „Ungehobenen Schätze" zu erforschen und die Pilzkunde zu fördern. Dann wurde er auf die Monatszeitschrift „Pilz- und Kräuterfreund" aufmerksam gemacht, dessen Schriftleitung er später übernehmen sollte. Die Resonanz auf diese Zeitschrift war so groß, dass er die „Pilz- und Kräuterzentrale" ins Leben rief – eine Arbeitsgemeinschaft von Pilzforschern und Pilzfreunden.[28] Im „Pilz- und Kräuterfreund" veröffentlichte er zudem eigene Rezepte, etwa für einen „Brotaufstrich

Reklamekarte für Kropp's Zahnwatte aus seiner Mannheim Drogerie.

Zahnschmerz hohler Zähne beseitigt sicher sofort Kropp's Zahnwatte (20 % Carvacrolwatte) à Fl. 50 Pf. nur echt zu haben in allen Apotheken und Drogerien. Nimm nichts anderes, nur Kropp allein ist sicher wirksam.

Werbeanzeige für Kropp's Zahnwatte aus der sozialdemokratischen Tageszeitung „Volksstimme" von 1899.

Emailleschild für Kropp's Zahnwatte; Sammlung Johannes Gschiel.

Als Handelsvertreter führte Kropp „Lactagol" – ein Nahrungsergänzungsmittel zur Anregung der Milchproduktion – in Apotheken und Drogerien ein.

Bis ins hohe Alter produzierte und vertrieb Georg Kropp seine nach ihm benannte lindernde Hautsalbe.

aus Pilzen“ oder für eine „Feine Pilz-Leber-Pastete“.[29] Mit Gründung der „Deutschen Gesellschaft für Pilzkunde“ 1921 schlossen sich ihr alle ähnlich gearteten Verbände und Vereine an. Die Gesellschaft gab eine eigene „Zeitschrift für Pilzkunde“ heraus. Kropp unterstützte zwar zunächst die Gründung der Gesellschaft, wollte aber die „Pilz- und Kräuterzentrale“ in ihrer bisherigen Form erhalten. Dies gelang ihm jedoch nicht, sie wurde in die neue Gesellschaft integriert. Kropp erkannte, dass er nicht mehr wie bisher schalten und walten konnte, und machte nicht mehr mit. Der „Pilz- und Kräuterfreund“ stellte sein Erscheinen ein.[30]

In den Kriegswirren von 1917 starb aufgrund mangelnder Ernährung seine erste Tochter Christliebe mit Anfang 20. Dies war aber nicht der einzige Schicksalsschlag, denn nur fünf Wochen später starb auch seine Frau Marie, ebenfalls aufgrund von Unterernährung. Der 51-jährige Witwer, nun alleinerziehender Vater, zog mit seinen beiden Kindern Lotte und Martin nach Heilbronn, wo er seine schriftstellerische Tätigkeit fortsetzte.[31]

Kropp, der in Swinemünde in einem protestantisch-lutherischen Haushalt aufgewachsen war, stand schon vor Kriegsbeginn der methodistischen Kirche nahe. In diesem Umfeld, das von Frömmigkeit und strenger Lebensführung geprägt war, lernte er seine zweite Frau kennen, Pauline Burk aus Hessigheim. Sie heirateten 1918. Die Lebensführung der Methodisten deckte sich mit seinen ethisch-moralischen Vorstellungen. Bereits frühzeitig stand er auch der Abstinenzbewegung nahe. Womöglich übernahm er diese Ansichten von seinem Vater, denn schon der alte Kropp verzichtete gänzlich auf Alkohol und zudem auch auf Tabak – wahrscheinlich als einziger Seemann an der Ostseeküste. Der Impuls wird sicherlich auch von Georg Kropps Mutter gekommen sein. Sie war die Tochter eines Swinemünde Bierbrauers und Gastwirts und erlebte oft genug die unheilbringenden Auswirkungen des Alkohols. Kropp war sowohl Mitglied des „Deutschen-Guttempler-Ordens“ als auch des „Deut-

Familienfoto Kropp 1900 in Heidelberg v.l.n.r.: Georg Kropps Mutter Pauline, er selbst, davor Tochter Christliebe sowie seine Frau Marie mit Tochter Lotte auf dem Schoß.

**Des Weibes Klage**

Ich klag' Euch an, die Ihr den Trank bereitet,
Der Gift enthaltend mir mein Glück geraubt. —
Ich klag' Euch an, die Ihr dies Gift verbreitet,
Das alles hat zerstört, daran ich einst geglaubt —
Ich klag' Euch an, die Ihr ihn habt verleitet
Mit Eurem Trunk in Ehren und in Zucht,
Euch alle klag' ich an, die Ihr so sicher schreitet
Und in dem mäß'gen Glas noch Freude sucht. —
Werft fort den Becher, der in unsern Landen
So viele — viele bringt in Schmach und Schanden! —
Und rührt Euch nicht, was abertausend litten —
Seid stumm und taub Ihr auf mein Schrei'n und Bitten —
Dann klag' ich weiter nicht — dann — seid verflucht!

(Kropp)

Guttempler – Postkarte mit Kropp-Gedicht, 1920er Jahre

**Potator (auch Dame)**

findet in guter, abstinenter Familie unter ärztlicher Kontrolle völlige, sachgemäße Entwöhnung. Diskreter Aufenthalt als Gast der Familie. Keine Anstalt. Höchstaufnahme drei Personen. Eigenes Haus in großem Garten in wunderschön gelegenem Neckarort. — Beste Referenzen.

Anfragen an **Georg Kropp, Neckargemünd.**

Werbeanzeige zur Aufnahme von Trinkern in der psychiatrisch-neurologischen Wochenschrift von 1908.

schen Vereins gegen Mißbrauch geistiger Getränke". Entsprechend seiner Einstellung zum Alkohol nahm er auch Trinker, sogenannte Potatoren, auf. Mit einer Anzeige warb er bereits vor dem Weltkrieg in der psychiatrisch-neurologischen Wochenschrift um Aufnahme von Alkoholkranken in seinem Haus. Im Umfeld der Abstinenzbewegung stellte Kropp 1912 auch seine Idee vom Zwecksparen erstmals vor. Er wollte den „Ordensmitgliedern" durch das Zwecksparsystem den Bau von Eigenheimen oder den Anspruch auf einen Altersheimplatz ermöglichen. Leider fand seine Idee nicht die nötige Zustimmung in der Großlogensitzung.[32]

## 5. Gründung der „Gemeinschaft der Freunde"

Nach dem Ersten Weltkrieg waren von den Banken kaum Kredite für den privaten Hausbau zu bekommen. Die monatlichen Zinsen betrugen bis zu zehn Prozent. Schon während des Krieges gab es im Prinzip keinen Wohnungsneubau mehr. Die Wohnungsnot wurde nach 1918 noch größer, denn Kriegsheimkehrer und Flüchtlinge aus den abgetretenen Gebieten strömten in die Städte und Dörfer der jungen Weimarer Republik.[33] In diesen Zeiten griff Kropp seine Zweckspar-Idee wieder auf. 1920 schrieb er sein populärstes Werk „Aus Armut zum Wohlstand"[34], wodurch die Idee einem breiteren Publikum bekannt wurde. In dem Bändchen entwickelt Kropp zahlreiche Lösungsvorschläge zu zeitgenössischen Problemen und verfolgt darin auch bodenreformerische Ansichten. Seine eigentliche Bausparidee stellt er dabei erst im letzten Kapitel vor. Überzeugt von seiner Idee, gründeten er und weitere Mitstreiter im Sommer 1921 die „Gemeinschaft der Freunde – eine gemeinnützige Arbeits- und Lebensgemeinschaft zur Schaffung von erleichterten Darlehns- und Wohn-Möglichkeiten" (GdF). Die Worte Bausparkasse oder Bausparen tauchten in diesem Zusammenhang aber noch nicht auf. Aufgrund der seinerzeit grassierenden Hyperinflation musste die GdF ihre Arbeit rasch wieder einstellen. Alle eingegangenen Gelder wurden an die Sparer bis auf den letzten Pfennig zurückgezahlt – zum Teil griffen die Gründer dafür auf ihr eigenes Vermögen zurück.[35]

Georg Kropps zweite Frau Pauline hatte im Januar 1920 eine Bauernhaushälfte mit etwas Ackerfläche im kaum 500 Einwohner zählenden Dorf Wüstenrot bei Heilbronn erworben. Häuschen und Kleinlandwirtschaft halfen der Familie über die Nöte der Inflationszeit hinweg. Fortan war Kropp mehr denn je von seiner Idee überzeugt. Sein Ziel war es, dass jede Familie eigenen Grundbesitz haben sollte. Nach der Währungsstabilisierung wurde aus dem Verein heraus die Bausparkasse gegründet. Zur ersten Bausparkassenversammlung im alkoholfreien Speisehaus „Silberner Hecht" in Stuttgart im Februar 1924 kamen zehn der alten Mitstreiter zusammen. Aufgrund ihrer bitteren Erfahrung während der Inflation waren sie ziemlich mutlos. Die Diskussion verlief sachlich, war jedoch stets von großer Skepsis geprägt. Kropp, der mit Engelszungen redete, konnte die Zweifler am Ende erneut überzeugen, sodass die Mitglieder sich nochmals für die Bausparidee engagierten.[36]

Mit der Gründung der Bausparkasse verfolgte die GdF folgende, hier stark vereinfacht wiedergegebene Idee: Angenommen, es sparen zehn Bauwillige, um Wohneigentum zu bilden. Wenn nun jeder für sich 1/10 der Gestehungskosten pro Jahr spart, ist er erst nach zehn Jahren in der Lage, ein Haus zu bauen. Sparen zehn Bauwillige aber kollektiv, ist bereits nach einem Jahr der Bau eines Hauses möglich. Der erste Bauwillige erhält somit zu 1/10 die Rückzahlung seines Sparbetrages und 9/10 als Bauspardarlehen. Damit kann er nach einem Jahr bereits sein Haus errichten. Dieses dient gleichzeitig als Sicherheit für das Darlehen. Im zweiten Jahr erhält der nächste Bauwillige dann zu 2/10 die Rückzahlung seines Sparbetrages und zu 8/10 ein Darlehen. Auch er kann im zweiten Jahr ein

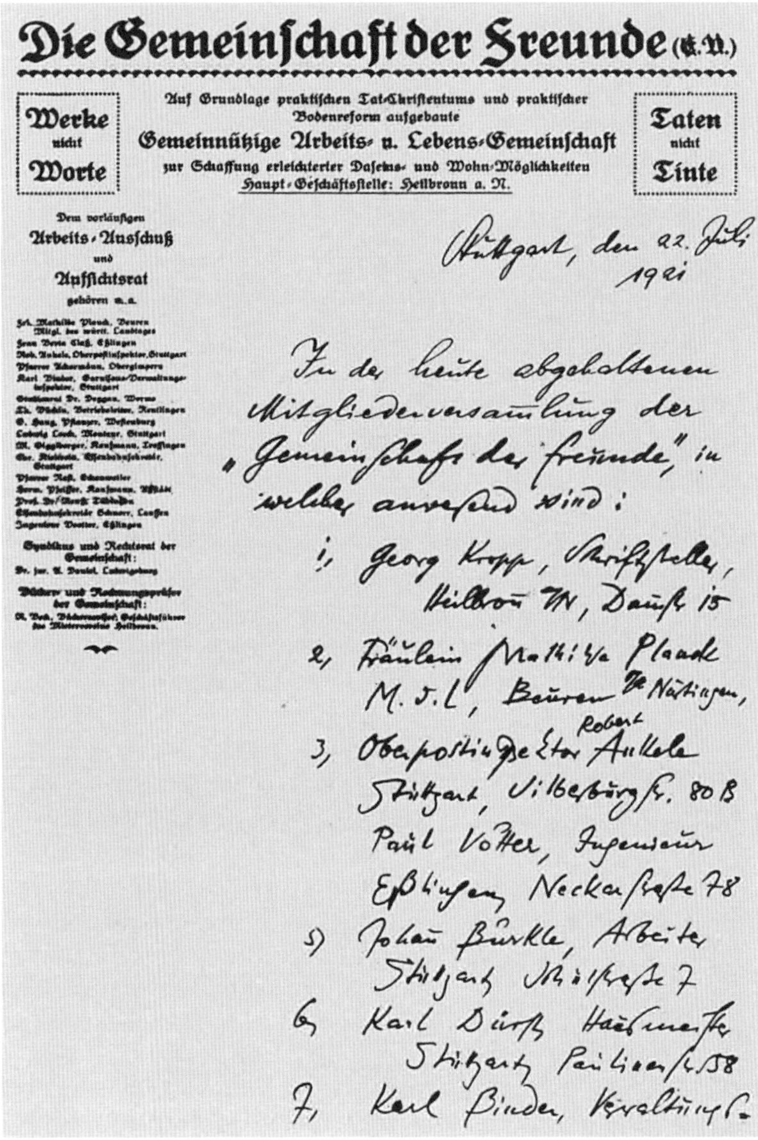

# Die Gemeinschaft der Freunde (E. V.)

Werke nicht Worte

Auf Grundlage praktischen Tat-Christentums und praktischer Bodenreform aufgebaute
Gemeinnützige Arbeits- u. Lebens-Gemeinschaft
zur Schaffung erleichterter Daseins- und Wohn-Möglichkeiten
Haupt-Geschäftsstelle: Heilbronn a. N.

Taten nicht Tinte

Dem vorläufigen Arbeits-Ausschuß und Aufsichtsrat gehören u. a.

Frl. Mathilde Planck, Beuren Mitgl. des württ. Landtages
Frau Berta Claß, Eßlingen
Rob. Ankele, Oberpostinspektor, Stuttgart
Pfarrer [illegible], [illegible]
Karl Binder, [illegible], Stuttgart
[illegible] Dr. [illegible], [illegible]
[illegible], Betriebsleiter, Reutlingen
[illegible], Pflanzer, [illegible]
Ludwig [illegible], Monteur, Stuttgart
[illegible], Kaufmann, [illegible]
[illegible], Eisenbahnsekretär, Stuttgart
Pfarrer [illegible]
[illegible] Pfeiffer, Kaufmann, [illegible]
Prof. Dr. [illegible]
Eisenbahnsekretär [illegible]
Ingenieur Votter, Eßlingen

Syndikus und Rechtsrat der Gemeinschaft:
Dr. jur. [illegible], Ludwigsburg

Bücher- und Rechnungsprüfer der Gemeinschaft:
[illegible], Geschäftsführer des Mietervereins Heilbronn.

Stuttgart, den 22. Juli 1921

In der heute abgehaltenen Mitgliederversammlung der „Gemeinschaft der Freunde“ in welcher anwesend sind:

1, Georg Kropp, Schriftsteller, Heilbronn [illegible], [illegible] 15
2, Fräulein Mathilde Planck M.d.L., Beuren bei Nürtingen,
3, Oberpostinspektor Robert Ankele Stuttgart, [illegible] 80 B
Paul Votter, Ingenieur Eßlingen, Neckarstraße 78
5) Johann Bürkle, Arbeiter Stuttgart, [illegible] 7
6, Karl Dürr, Hausmeister Stuttgart, [illegible] 58
7, Karl Binder, Verwaltungs[illegible]

Protokoll der konstituierenden Sitzung der „Gemeinschaft der Freunde“ vom Juli 1921.

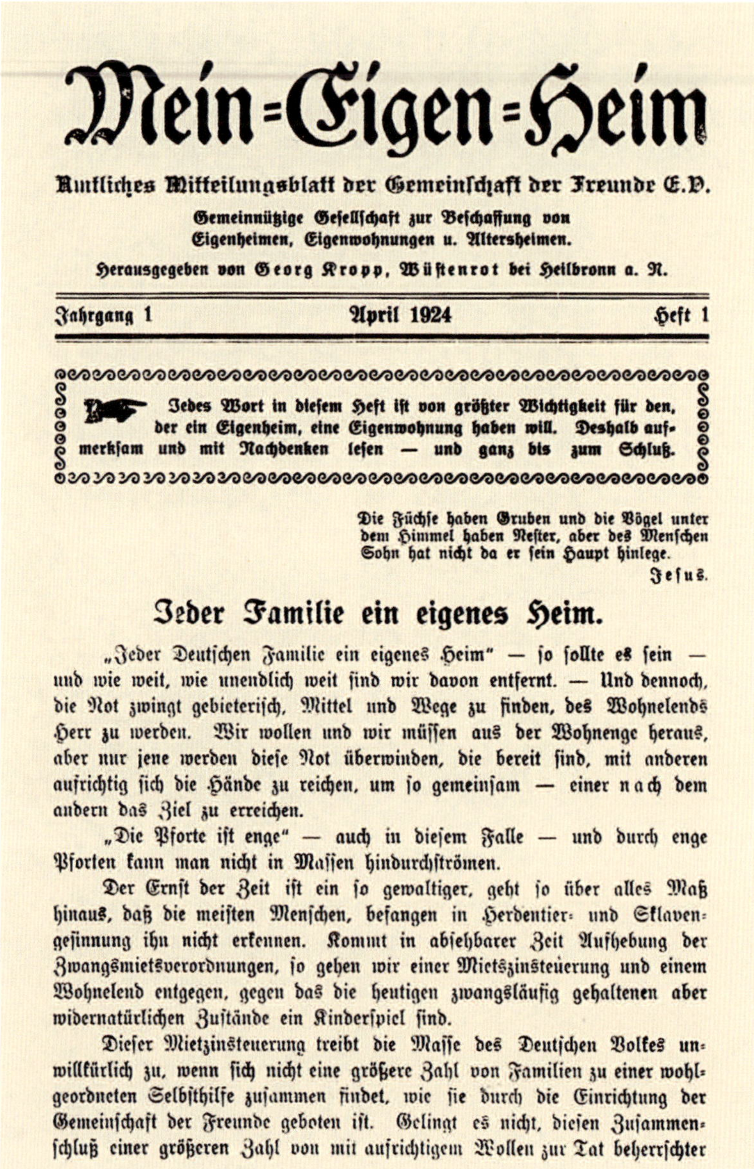

# Mein=Eigen=Heim

Amtliches Mitteilungsblatt der Gemeinschaft der Freunde E.V.

Gemeinnützige Gesellschaft zur Beschaffung von Eigenheimen, Eigenwohnungen u. Altersheimen.

Herausgegeben von Georg Kropp, Wüstenrot bei Heilbronn a. N.

Jahrgang 1 | April 1924 | Heft 1

Jedes Wort in diesem Heft ist von größter Wichtigkeit für den, der ein Eigenheim, eine Eigenwohnung haben will. Deshalb aufmerksam und mit Nachdenken lesen — und ganz bis zum Schluß.

Die Füchse haben Gruben und die Vögel unter dem Himmel haben Nester, aber des Menschen Sohn hat nicht da er sein Haupt hinlege.
Jesus.

## Jeder Familie ein eigenes Heim.

„Jeder Deutschen Familie ein eigenes Heim" — so sollte es sein — und wie weit, wie unendlich weit sind wir davon entfernt. — Und dennoch, die Not zwingt gebieterisch, Mittel und Wege zu finden, des Wohnelends Herr zu werden. Wir wollen und wir müssen aus der Wohnenge heraus, aber nur jene werden diese Not überwinden, die bereit sind, mit anderen aufrichtig sich die Hände zu reichen, um so gemeinsam — einer nach dem andern das Ziel zu erreichen.

„Die Pforte ist enge" — auch in diesem Falle — und durch enge Pforten kann man nicht in Massen hindurchströmen.

Der Ernst der Zeit ist ein so gewaltiger, geht so über alles Maß hinaus, daß die meisten Menschen, befangen in Herdentier- und Sklavengesinnung ihn nicht erkennen. Kommt in absehbarer Zeit Aufhebung der Zwangsmietsverordnungen, so gehen wir einer Mietszinsteuerung und einem Wohnelend entgegen, gegen das die heutigen zwangsläufig gehaltenen aber widernatürlichen Zustände ein Kinderspiel sind.

Dieser Mietzinsteuerung treibt die Masse des Deutschen Volkes unwillkürlich zu, wenn sich nicht eine größere Zahl von Familien zu einer wohlgeordneten Selbsthilfe zusammen findet, wie sie durch die Einrichtung der Gemeinschaft der Freunde geboten ist. Gelingt es nicht, diesen Zusammenschluß einer größeren Zahl von mit aufrichtigem Wollen zur Tat beherrschter

Ab April 1924 gab Kropp für die Bausparkasse „Gemeinschaft der Freunde" eine eigene Zeitschrift heraus.

Im Wohnhaus Kropps in Wüstenrot wurde 1996 mit Hilfe der Wüstenrot Stiftung ein Bauspar-Museum eingerichtet.

Haus bauen. So geht es Jahr für Jahr weiter. In diesem geschlossenen System können neun von zehn Bauwilligen früher ihre Häuser errichten als durch individuelles Sparen.
Um Bausparer zu werben, wurde eine eigene Zeitschrift mit dem Namen „Mein Eigen-Heim" herausgegeben. Kropp mit seiner schriftstellerischen und redaktionellen Erfahrung trug die Verantwortung für das Mitteilungsblatt. Anfang April 1924 erschien das erste Heft mit dem Motto „Jeder Familie ein eigenes Heim". Kropp redigierte das Bausparerblatt in seinem Haus, in der Haller Straße 3, das zugleich auch erster Sitz der Bausparkasse war. Heute ist darin das Bauspar-Museum Wüstenrot untergebracht.[37]
Die Idee der GdF-Bausparkasse trug rasch Früchte. Schon am 7. April wurde der erste Bau-Sparvertrag von Johannes Rau aus Heidenheim über 12.000 RM abgeschlossen. Zum Bundespräsidenten – wie später sein Namensvetter, der SPD-Politiker Johannes Rau – hatte er es nicht gebracht, aber immerhin zum Eisenbahnoberinspektor und Vorstand des Bahnhofs in Heidenheim. Laut Vertrag verpflichtete sich Rau, ab dem 1. Mai 1924 monatlich 30 RM in die Bausparkasse einzuzahlen. Sein Sparguthaben wurde nach den ersten beiden zinsfreien Jahren jährlich mit drei Prozent verzinst. Die Zinsen wurden seinem Guthaben angerechnet. Anfangs erfolgte die Baugeld-Zuteilung durch öffentliche Auslosungen. Diese verliefen natürlich stets besonders werbewirksam. Auf einem Foto von einer solchen Auslosung sieht man Kropp, mit schlohweißem Haar, links hinter dem Publikum stehen. Als Lostrommel verwendete man eine Suppenschüssel. Zunächst wurden alle potenziellen Darlehensempfänger jeweils auf ein separates Los geschrieben. Alle Lose warf man zusammen in die Suppenschüssel. Dann wurden die Zettel gezogen und der Name des gezogenen Bausparers laut verlesen. Es wurden so lange Darlehen per Los zugeteilt, bis alle angesparten Gelder ausgeschüttet waren. Für die Bausparkasse bestand von Anfang an Planungssicherheit, da alle Zinsen vertraglich fixiert

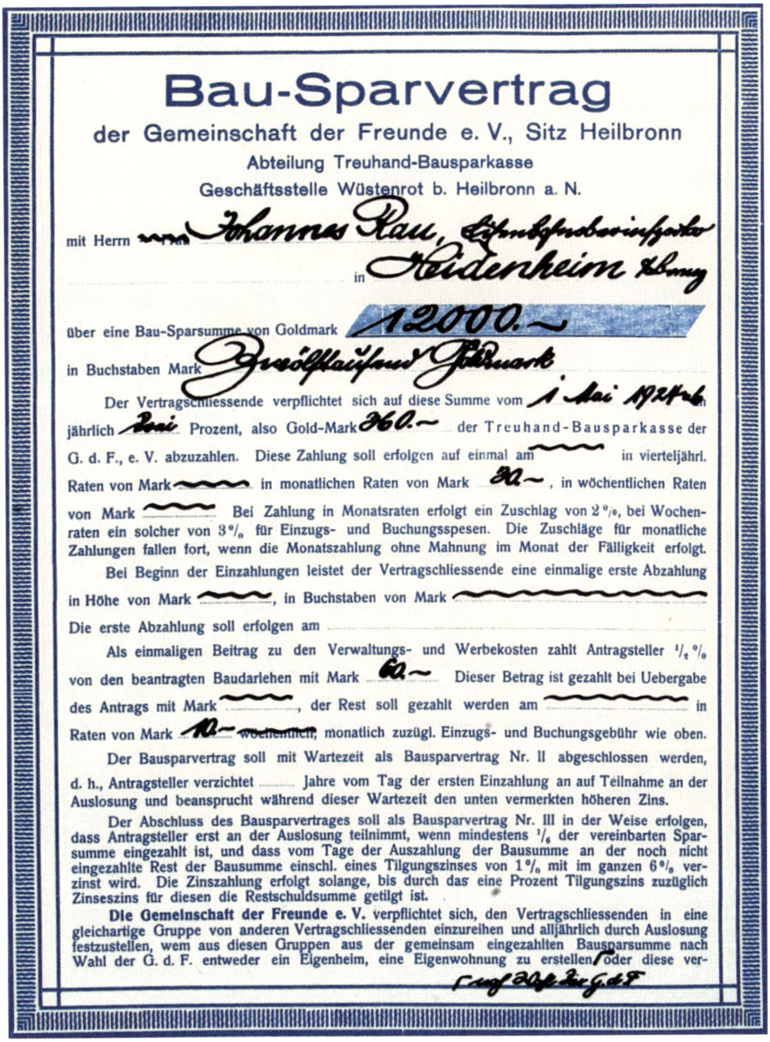

# Bau-Sparvertrag

**der Gemeinschaft der Freunde e. V., Sitz Heilbronn**

**Abteilung Treuhand-Bausparkasse**

**Geschäftsstelle Wüstenrot b. Heilbronn a. N.**

mit Herrn Johannes Rau, Eisenbahnoberinspektor

in Heidenheim a. Brenz

über eine Bau-Sparsumme von Goldmark 12000.–

in Buchstaben Mark Zwölftausend Goldmark

Der Vertragschliessende verpflichtet sich auf diese Summe vom 1. Mai 1924 ab jährlich zwei Prozent, also Gold-Mark 360.– der Treuhand-Bausparkasse der G. d. F., e. V. abzuzahlen. Diese Zahlung soll erfolgen auf einmal am ~~~ in vierteljährl. Raten von Mark ~~~ in monatlichen Raten von Mark 30.–, in wöchentlichen Raten von Mark ~~~ Bei Zahlung in Monatsraten erfolgt ein Zuschlag von 2 %, bei Wochenraten ein solcher von 3 % für Einzugs- und Buchungsspesen. Die Zuschläge für monatliche Zahlungen fallen fort, wenn die Monatszahlung ohne Mahnung im Monat der Fälligkeit erfolgt.

Bei Beginn der Einzahlungen leistet der Vertragschliessende eine einmalige erste Abzahlung in Höhe von Mark ~~~, in Buchstaben von Mark ~~~

Die erste Abzahlung soll erfolgen am

Als einmaligen Beitrag zu den Verwaltungs- und Werbekosten zahlt Antragsteller ½ % von den beantragten Baudarlehen mit Mark 60.– Dieser Betrag ist gezahlt bei Uebergabe des Antrags mit Mark ~~~, der Rest soll gezahlt werden am ~~~ in Raten von Mark 10.– ~~wöchentlich~~, monatlich zuzügl. Einzugs- und Buchungsgebühr wie oben.

Der Bausparvertrag soll mit Wartezeit als Bausparvertrag Nr. II abgeschlossen werden, d. h., Antragsteller verzichtet ....... Jahre vom Tag der ersten Einzahlung an auf Teilnahme an der Auslosung und beansprucht während dieser Wartezeit den unten vermerkten höheren Zins.

Der Abschluss des Bausparvertrages soll als Bausparvertrag Nr. III in der Weise erfolgen, dass Antragsteller erst an der Auslosung teilnimmt, wenn mindestens ⅙ der vereinbarten Sparsumme eingezahlt ist, und dass vom Tage der Auszahlung der Bausumme an der noch nicht eingezahlte Rest der Bausumme einschl. eines Tilgungszinses von 1 % mit im ganzen 6 % verzinst wird. Die Zinszahlung erfolgt solange, bis durch das eine Prozent Tilgungszins zuzüglich Zinseszins für diesen die Restschuldsumme getilgt ist.

**Die Gemeinschaft der Freunde e. V.** verpflichtet sich, den Vertragschliessenden in eine gleichartige Gruppe von anderen Vertragschliessenden einzureihen und alljährlich durch Auslosung festzustellen, wem aus diesen Gruppen aus der gemeinsam eingezahlten Bausparsumme nach Wahl der G. d. F. entweder ein Eigenheim, eine Eigenwohnung zu erstellen, oder diese ver-

auf 30 J. der G. d. F.

Den ersten Bausparvertrag Deutschlands schloss der Eisenbahnoberinspektor Johannes Rau im April 1924 ab.

waren. Der Ansparzinssatz betrug drei Prozent, der Darlehnszinssatz fünf Prozent. Die Differenz, die sogenannte Zinsspanne, belief sich auf zwei Prozent. Hieraus bestritt die Bausparkasse alle ihre Kosten. Ein jährlicher Darlehnszinssatz von fünf Prozent war konkurrenzlos günstig, wenn man bedenkt, dass am Kapitalmarkt monatlich deutlich höhere Darlehnszinsen von sechs bis zehn Prozent üblich waren. Bereits 1925 wurde in Heidenheim an der Brenz das erste durch die „Gemeinschaft der Freunde" finanzierte Haus bezogen.[38]
Durch Werbung kamen rasch immer neue Bausparer hinzu. Alte Werbeschilder lassen erkennen, dass die Bausparkasse noch keinen einheitlichen Markenauftritt hatte, dennoch warb man höchst erfolgreich. Ende des Jahres 1924 gab es 916 Bausparer. Ein Jahr später waren bereits mehr als 10.600 Bausparverträge abgeschlossen.[39]
Die erfreuliche Entwicklung brachte mehr und mehr Arbeitsaufwand mit sich. Stetig wurden neue Mitarbeiter eingestellt. Das Wohnhaus der Kropps wurde rasch zu klein. Zwischenzeitlich arbeiteten bis zu 18 Angestellte dort. So mietete man weitere Räume und Häuser im Dorf Wüstenrot an. Pauline Kropp kochte mit Gehilfinnen Mittagessen für alle Angestellten. Gegessen wurde in Schichten. Durch die Ausquartierung in das alte Schul- und Rathaus, Hauptstraße 11, waren zunächst ausreichend Arbeitsräume vorhanden, jedoch fehlte es bald an Wohnraum für die Mitarbeiter. Sie wurden bei umliegenden Bauern einquartiert. Ende 1925 arbeiteten bereits 76 Angestellte für die „Gemeinschaft der Freunde" in dem 500-Seelen Dorf. Jedoch zog die schlechte Verkehrsanbindung Wüstenrots Probleme nach sich. Die Mitarbeiter konnten nur umständlich zur Arbeitsstelle gelangen. Überdies hemmte die leidliche Postverbindung den Geschäftsbetrieb.[40]
Im November 1925 wechselte Kropp vom geschäftsführenden Vorstand in den Aufsichtsrat. Auf einem gemeinsamen Bild von Vorstand und Aufsichtsrat sitzt er neben seiner langjährigen Mitstreiterin Mathilde Planck. Sie war Schriftstellerin, Landtagsabgeord-

nete in Württemberg und eine der wichtigsten Figuren der Frauen- und Friedensbewegung.[41] Für lange Zeit war sie die einzige Frau im Vorstand bzw. Aufsichtsrat der Bausparkasse. Georg Kropp blieb sie zeitlebens verbunden. Dr. Hermann Schuon (zweite Reihe, Zweiter von rechts) ist ebenfalls auf der Aufnahme zu sehen. Er war seit 1926 Vorstandsmitglied der GdF. Auf sein Betreiben hin beschloss der Aufsichtsrat im August 1928, die Bausparkasse nach Ludwigsburg bei Stuttgart umzusiedeln. Auslöser waren die schwierigen Verhältnisse in Wüstenrot, die es nahezu unmöglich machten, einen geregelten Geschäftsbetrieb aufrechtzuerhalten. Die Umzugspläne wurden gegen den ausdrücklichen Willen Kropps realisiert. Zwar hielt auch er den Wegzug einzelner Abteilungen zunächst für unumgänglich, änderte dann aber schnell seine Meinung. Fortan bekämpfte er die Umzugspläne mit allen Mitteln. Dies führte zu einer beträchtlichen Unruhe unter den Bausparern. Eine derart starke Einmischung in die Geschäftsführung wollten Vorstand und Aufsichtsrat nicht länger tolerieren. Somit wurde Kropp von der Spitze des Aufsichtsrats abberufen. Er blieb jedoch noch Mitglied des Gremiums. Bereits im November 1928 wurden die ersten Abteilungen nach Ludwigsburg verlegt. Parallel dazu begann man mit dem Bau eines modernen Verwaltungsgebäudes. Ende April 1930 wurde das neue Gebäude in Ludwigsburg bezogen, womit die letzten Mitarbeiter der Gemeinde Wüstenrot den Rücken kehrten. Mit der Unternehmensumsiedelung wurde jedoch der Name des Gründungsortes in den neuen Namen der Bausparkasse aufgenommen: Fortan hieß sie Bausparkasse Gemeinschaft der Freunde Wüstenrot gem. GmbH.[42] Seit 1998 lautet der Unternehmensname Wüstenrot Bausparkasse AG.[43]

Werbewirksam erfolgten die ersten Baugeld-Zuteilungen durch öffentliche Auslosungen.

Kropp und seine langjährige Mitstreiterin Mathilde Planck (1. Reihe Mitte) sowie Dr. Hermann Schuon (2. Reihe, 2.v.r.) im Kreise der Aufsichtsrats- und Vorstandsmitglieder der Bausparkasse (1929).

## 6. Lebensabend in Wüstenrot und Würdigung

Im Laufe der Jahre verlor Kropp immer mehr Einfluss in seiner Bausparkasse. Ende Juli 1930 – also nach der Übersiedlung der Bausparkasse nach Ludwigsburg – verkündete der im Dorf Wüstenrot sesshaft gewordene Pommer seinen Rücktritt von allen Ämtern und sein Ausscheiden aus der „Gemeinschaft der Freunde". Laut seinem Rücktrittsbrief geschah dies aufgrund von „Unstimmigkeiten persönlicher Natur". Im Mitteilungsblatt der GdF hieß es: *„So bleibt der GdF nichts übrig, als von Herrn Kropp Abschied zu nehmen und ihm dabei herzlich zu danken für die großen Verdienste, die er sich als ihr Gründer und als deutscher Bahnbrecher des Bauspargedankens um sie erworben, und für ihre Tätigkeit, die er als ihr erster Vorstand, als Vorsitzender und als Mitglied ihres Aufsichtsrats geleistet hat."*[44] Nur einen Tag nach seinem Rücktritt von allen Ämtern gründete Georg Kropp in Wüstenrot die „Neue Bausparkasse", auch einfach Kroppkasse genannt, als Konkurrenzinstitut zu seiner früheren Gründung. Diese zählte zu den rund 400, in der Regel erfolglos gebliebenen Neugründungen, die bis in die 1930 Jahre entstanden. All diese Institute wollten am Erfolg der GdF-Bausparkasse partizipieren. Zwar war der Name Kropp nach wie vor ein gewichtiges Werbeargument, dennoch war die Kroppkasse aufgrund der großen Konkurrenz und wohl auch wegen Missmanagements nicht überlebensfähig. Seine „Neue Bausparkasse" schied 1933/1934 aus dem Wirtschaftsgeschehen aus. Kropp zog sich in sein Wüstenroter Eigenheim zurück, wo er im Familienbetrieb wieder seine Kropp-Salbe herstellte. Die Gemeinschaft der Freunde unterstützte ihren Gründer fortan mit einer Pension. Für seine Verdienste um den Ort und anlässlich seines 65. Geburtstages hatte ihm die Gemeinde Wüstenrot bereits 1930 die Ehrenbürgerwürde verliehen. In der Nacht vom 21. auf den 22. Januar 1943 starb Georg Kropp 77-jährig an Herzversagen. Auf dem Friedhof in Wüstenrot erhielt er ein Ehrengrab.[45]

Ehrengrab von Kropp auf dem Friedhof in Wüstenrot, Zustand 1955

Anlässlich des 100. Geburtstages 1965 würdigte die Bausparkasse GdF Wüstenrot sein Lebenswerk. Seinerzeit lebten noch viele ehemalige Weggefährten, die sich – auch aus persönlicher Erfahrung – an ihn und sein Wirken erinnerten. Heute – 50 Jahre später – haben wir erneut einen gemeinsamen Rückblick auf seine Biographie unternommen. Für den einen oder anderen mag es vielleicht überholt oder eine eher unangenehme Pflicht sein, des Firmengründers zu gedenken. Ich bin aber überzeugt davon, dass eine Persönlichkeit wie Georg Kropp uns, die ihn nicht mehr persönlich kennenlernen konnten, viel hinterlassen hat.
Was hat er uns hinterlassen? Was bleibt? Was können wir aus seinem Leben lernen? In erster Linie müssen wir ihm dankbar sein. Sein wichtigstes Vermächtnis ist zweifelsohne das deutsche Bausparwesen und damit auch die Wüstenrot Bausparkasse AG. Hierfür bleibt er uns in Erinnerung. Georg Kropp, dessen Pioniergeist unentwegt brannte, hat uns daneben aber auch andere Dinge hinterlassen. Für mich ist er Idealist, Kämpfer und Optimist gewesen. Von fast allen persönlichen Rückschlägen hat er sich immer wieder erholt. Stets hat er sich für seine Ideale und damit auch für schwächere Mitmenschen eingesetzt. Vor allem, weil er deren Schicksal nur allzu oft selbst erlebt hat. In der Rückschau offenbart sich ein Leben mit vielen Brüchen. Er durfte kein Kapitän werden, musste zwei Drogerien aufgeben, konnte mit seinen pharmazeutischen Produkten nicht den Lebensunterhalt verdienen und musste sowohl einem Kind als auch der ersten Ehefrau ins Grab schauen. Allein mit seiner Bausparidee erzielte er, wenn auch nicht materiell, bleibenden Erfolg. Obwohl er oft persönlich Schiffbruch erlitt, hat er nie resigniert, sondern mutig weitergemacht. Als Kind von der Küste kannte er es, wenn einem der Sturm um die Ohren pfeift.
Eingangs hatte ich Ihnen von dem Sturm berichtet, in dem die Dreimastbark „Lessing“ wrack fiel. Es war wohl die entscheidende Weichenstellung in seinem Leben. Denn das Unglück verhinderte

Versuche einmal, in allem,
das Dir begegnet, das Schöne
und das Gute zu sehen, und
Du wirst dem Stein auf dem
Wege, über den Du gefallen,
dankbar sein, daß er Dich lehrte,
Deine Augen besser aufzumachen.

Suche in allem Unglück, das
Dir begegnet, die Schuld in Dir
selbst, und Dir wird sich das
Glück nahen.

Georg Vogt!

*Versuche einmal, in allem,*
*das Dir begegnet, das Schöne*
*und das Gute zu sehen, und*
*Du wirst dem Stein auf dem*
*Wege, über den Du gefallen,*
*dankbar sein, daß er Dich lehrte,*
*Deine Augen besser aufzumachen.*
*Siehe in allem Unglück, das*
*Dir begegnet die Schuld in Dir*
*selbst, und Dir wird sich das*
*Glück nahen.*

*Georg Kropp*

eine berufliche Laufbahn auf Hoher See. Wer weiß, ob er andernfalls jemals eine Bausparkasse gegründet hätte. Aus heutiger Sicht können wir sagen, dass ein Sturm, der zunächst ein großes Unglück mit sich bringt, womöglich ein zukünftiges, viel größeres Glück in sich trägt. In gewisser Weise können sie, Herr Hertweck, als heutiger Vorstandsvorsitzender der Wüstenrot Bausparkasse AG, dem Sturm dankbar sein. Damit sie und die Wüstenrot Bausparkasse auch in schwierigen Zeiten und während des einen oder anderen Sturmes weiterhin so zuversichtlich wie Georg Kropp in die Zukunft blicken, überreiche ich Ihnen als Erinnerung ein Faksimile der Wetterkarte von 1880. Damit verbunden wünsche ich Ihnen und dem Unternehmen viel Glück, Erfolg und stets eine Handbreit Wasser unter dem Kiel.

## Anmerkungen

1 Überarbeiteter und erweiterter Festvortrag anlässlich des 150. Geburtstages von Georg Kropp (1865–1943) am 1. Dezember 2015.

2 Reichskanzler-Amte (Hg.): Alphabetisches Verzeichniss der Deutschen Kauffahrteischiffe nach dem Bestande am 1. Januar 1873, Berlin 1873, S. 194–195; Kaiserlich Statistisches Amt: Statistik des Deutschen Reiches, Bd. LI – Statistik der Seeschiffahrt, Berlin 1882, S. 90–91.

3 Deutsche Seewarte: Wetterbericht, Jahrg. V. No. 306b, Hamburg 1880.

4 Deutsche Seewarte: Wetterbericht, Jahrg. V. No. 303b u. 304b, Hamburg 1880.

5 R. Penndorf: Skagerrak-Zyklonen, in: Die Naturwissenschaften, H. 11 (1938), S. 175–176.

6 Deutsche Seewarte: Wetterbericht, Jahrg. V. No. 306b., Hamburg 1880.

7 See- und Stromberichte, in: Ostsee-Zeitung und Börsen-Nachrichten der Ostsee, Nr. 511, Abendausgabe v. 01.11.1880; See- und Stromberichte, in: Ostsee-Zeitung und Börsen-Nachrichten der Ostsee, Nr. 547, Abendausgabe v. 22.11.1880; Kaiserlich Statistisches Amt: Statistik des Deutschen Reiches, Bd. LI – Statistik der Seeschiffahrt, Berlin 1882, S. 90–91.

8 Kaiserlich Statistisches Amt: Statistik des Deutschen Reiches, Bd. LI – Statistik der Seeschiffahrt, Berlin 1882, S. 90–91.

9 Landeskirchliches Archiv Greifswald, Kirchbuch Swinemünde, Bd. 9 (Taufen).

10 Hier sind höchstwahrscheinlich Preußische Meilen zu je 7,5 km gemeint.

11 Heinrich Laube: Eine Fahrt nach Pommern und der Insel Rügen, Reprint Bremen 1996, S. 32–34.

12 Heinrich Laube: Eine Fahrt nach Pommern und der Insel Rügen, Reprint Bremen 1996, S. 46–47.

13 Adolf Reitz: Georg Kropp – der Führer der neuen deutschen Eigenheim-Bewegung, Weinsberg 1926, S. 21. Zur Geschichte seiner Schule vgl. Ferdinand Faber: Zur Geschichte des Realprogymnasiums, in: Ders., 1. Jahres-Bericht über das städtische Realprogymnasium in Swinemünde für das Schuljahr 1901/1902, Swinemünde 1902, S. 1–15.

14 Eberhard Langer: Wüstenrot – Eine Idee setzt sich durch, Stuttgart 1965, S. 14.

15 Adreß-Buch für Swinemünde und Westswine für 1890, Swinemünde 1890, LAGw Rep 41, Swinemünde Nr. 184.

16 Adolf Reitz: Georg Kropp – der Führer der neuen deutschen Eigenheim-Bewegung, Weinsberg 1926, S. 22–25.

17 Fest-Ausgabe der Verbandszeitung ehemaliger Braunschweiger Drogisten-Akademiker zum 25jährigen Jubiläum der Drogisten-Akademie Braunschweig am 17. bis 18. Juni 1905, Hamburg 1905, S. 14 u. 16; Adolf Reitz: Georg Kropp – der Führer der neuen deutschen Eigenheim-Bewegung, Weinsberg 1926, S. 29–33.

18 Landeskirchliches Archiv Greifswald, Kirchenbücher Swinemünde, Bd. 18 (Heiraten).

19 Patentschrift des Kaiserlichen Patentamtes Nr. 71354 v. 14. Oktober 1893; Intellectual Property Office, No. 12,826, Date of Application 30th June 1893, Accepted 29th July 1893; Hansa – Deutsche nautische Zeitschrift, Nr. 24 v. 17.6.1893, S. 287.

20 Das Lied entstand 1850 und geht auf den pommerschen Theologen und Dichter Gustav Adolf Pompe (1831–1889) zurück. Vgl. Hugo Gotthard Bloth, Das Pommernlied und sein historischer Hintergrund, in: Baltische Studien 63. n.F. (1977), S. 18–33.

[21] Gehes Codex der pharmazeutischen und organotherapeutischen Spezialpräparate, Dresden 1933, S. 255.

[22] Kaiserliches Patentamt, Warenzeichenblatt H.12 (1905), Nr. 83277; Otto Ziegler u. Artur Petzold, Drogenkunde, Eberswalde 1929, S. 237.

[23] Adolf Reitz: Georg Kropp – der Führer der neuen deutschen Eigenheim-Bewegung, Weinsberg 1926, S. 38.

[24] G. Fendler, Lactagol, in: H. Thoms (Hrsg.), Arbeiten aus dem Pharmazeutischen Institut der Universität Berlin, Berlin 1905, S. 253–254; Hagers Handbuch der Pharmazeutischen Praxis, Bd. 4 (Ci–G), Stickwort: Gossypium (Baumwolle), Berlin 1973, S. 1185; Ernst Fengler, Untersuchungen über „Lactagol" zur Steigerung der Milchleistung, Leipzig 1936.

[25] Christoph Seeger: Georg Kropp und die Geschichte der Bausparkasse(n) in Wüstenrot, in: Wüstenrot. Geschichte einer Gemeinde im Schwäbisch-Fränkischen Wald, Wüstenrot 1999, S. 185–197, hier S. 186; Ders.: Wüstenrot – Bauspar-Museum im Georg-Kropp-Haus, Regensburg 2010, S. 6–7.

[26] Georg Kropp: Vorwort des Verfassers, in: Ders. (Hrsg.): Deutsche Kriegs-Chronik des großen Völkerkampfes, Ludwigshafen, 1914, S. 3.

[27] Verhandlungen des Reichstags, Dreizehnte Legislaturperiode, Zweite Session, Bd. 306, Stenographische Berichte, Berlin 1916, S. 2.

[28] Georg Kropp: Wie ich zum „Pilz- und Kräuterfreund" kam und warum die „P. u. K.-Zentrale" wurde, in: Pilz- und Kräuterfreund 4/5, 1920–22, S. 92–96.

[29] Pilz- und Kräuterfreund 4/5, 1920–22, S. 102–103 u. S. 147.

[30] H. Steinmann: Verein der Pilzfreunde e.V. – Vorgänger der D.G.f.P., in: Zeitschrift für Pilzkunde 35 (1–2), 1969, S. 116–121.

[31] Christoph Seeger: Wüstenrot – Bauspar-Museum im Georg-Kropp-Haus, Regensburg 2010, S. 6–7.

[32] Eberhard Langer: Georg Kropp, in: Lebensbilder aus Schwaben und Franken 15 (1983), S. 372–391, hier S. 377–378.

[33] Jan Körnert u. Klemens Grube: Die Deutsche Evangelische Heimstättengesellschaft (Devaheim) – Aufstieg und Fall einer kirchlichen Bausparkasse von 1926 bis 1931, in: Zeitschrift für Unternehmensgeschichte, H 1 (2011), S. 3–28, hier S. 5–7.

[34] 2012 als Bd. 1 der Schriftenreihe des Bauspar-Museums Wüstenrot neu aufgelegt.

[35] Eberhard Langer: Georg Kropp, in: Lebensbilder aus Schwaben und Franken 15 (1983), S. 372–391, hier S. 379–380.

[36] Eberhard Langer: Wüstenrot – Eine Idee setzt sich durch, Stuttgart 1965, S. 29–31; Ders.: „Werke, nicht Worte" – 75 Jahre Wüstenrot, Frankfurt a.M. 1996, S. 20–21.

[37] Herbert Kleinschmidt: Geschichte, Ideengehalt und sozialökonomische Bedeutung des Bausparkassenwesens, Leipzig 1934, S. 48–50; Eberhard Langer: Wüstenrot – Eine Idee setzt sich durch, Stuttgart 1965, S. 34; Christoph Seeger: Wüstenrot – Bauspar-Museum im Georg-Kropp-Haus, Regensburg 2010, S. 29.

[38] Eberhard Langer: Wüstenrot – Eine Idee setzt sich durch, Stuttgart 1965, S. 33–36; Wilhelm Keil: Bausparkasse Gemeinschaft der Freunde Wüstenrot, Ludwigsburg 1954, S. 18.

[39] Martin L. Müller: Bausparen in Deutschland zwischen Inflation und Währungsreform 1924–1948, München 1999, S. 97.

[40] Eberhard Langer: Die frühen Jahre – Erinnerungen der ersten Mitarbeiter der GdF an ihre Zeit in Wüstenrot, Ludwigsburg 1997, S. 18–31; Wilhelm Keil: Bausparkasse Gemeinschaft der Freunde Wüstenrot, Ludwigsburg 1954, S. 20–24.

[41] Johannes Mehner: Mathilde Planck – Wenn etwas nötig ist, muß es getan werden, in: Birgit Knorr u. Rosemarie Wehling (Hrsg.): Frauen im deutschen Südwesten, Stuttgart 1993, S. 292–298.

[42] Eberhard Langer: Wüstenrot – Eine Idee setzt sich durch, Stuttgart 1965, S. 80–85; Wilhelm Keil: Bausparkasse Gemeinschaft der Freunde Wüstenrot, Ludwigsburg 1954, S. 30–32.

[43] Wüstenrot & Württembergische AG, Prospekt für die Zulassung zum Börsenhandel, Stuttgart/Frankfurt a.M. 1999, S. 91–92.

[44] Zitiert nach: Eberhard Langer: Wüstenrot – Eine Idee setzt sich durch, Stuttgart 1965, S. 97.

[45] Christoph Seeger: Georg Kropp und die Geschichte der Bausparkasse(n) in Wüstenrot, in: Wüstenrot. Geschichte einer Gemeinde im Schwäbisch-Fränkischen Wald, Wüstenrot 1999, S. 185–197, hier S. 194–197; Ders.: Wüstenrot – Bauspar-Museum im Georg-Kropp-Haus, Regensburg 2010, S. 14–15. Vgl. auch: Bausparkasse Gemeinschaft der Freunde Wüstenrot (Hg.), Sensationen um die G.d.F. – Der Zusammenbruch eines Verleumdungs-Feldzuges, Ludwigsburg circa 1930.

Wüstenrot – immer ein Garant für günstiges Baugeld… Werbeblechschild 1950er-Jahre

Georg Kropp: Kohlezeichnung, um 1955, von Carl Obenland (1908–2008)

## Aus: Biographisches Lexikon für Pommern

Herausgegeben von Dirk Alvermann und Nils Jörn, Band 2,
Köln/Weimar/Wien (Böhlau) 2015,
ISBN 978-3412225414, Seite 148–151

KROPP, *Georg* Richard, geb. 01.12.1865, Swinemünde, gest. 21.01.1943, Wüstenrot bei Heilbronn; ev.-method. – Drogist, Publizist, Bankier.
*Vater: Carl* Anton Kropp, geb. 29.01.1821, Schmolsin bei Stolp, gest. 28.01.1895, Swinemünde, Segelschiffkapitän, später Drogist. – *Mutter: Pauline* Rosalie Charlotte Kropp, geb. Stegemann, geb. 17.08.1830, Swinemünde, gest. nach 1917, Tochter eines Bierbrauers und Gastwirts. – *Ehefrauen:* 1. (∞ 1893): Marie Kropp, geb. Wulff, geb. 03.02.1870, Kiel, gest. 18.06.1917, Heidelberg; 2. (∞ 1918): *Pauline* Wilhelmine Kropp, geb. Burk, geb. 11.04.1883, gest. 04.08.1953, Wüstenrot. – *Kinder:* Christliebe, Lotte, Martin.

Georg Kropp wuchs als fünftes Kind eines Segelschiffkapitäns in Swinemünde (Usedom) auf. In seiner Jugend begleitete er den Vater oft auf Ost- und Nordseefahrten mit der 1848 gebauten Bark ‚Lessing'. Im Oktober 1880, auf dem Weg von England nach Kopenhagen, verunglückte das unter Ballast fahrende Schiff, da Kapitän und Steuermann die Feuerzeichen verwechselten. Nach Verhandlung der Katastrophe vor dem Seeamt in Stettin und dem Oberseeamt, verzichtete Kropp sen. auf die weitere Ausführung des Berufes und kam somit einem Berufsverbot durch das Seeamt zuvor. Im Anschluss wandte sich der Vater – die aufkommende Dampfschifffahrt erleichterte ihm womöglich die Entscheidung – mit fast 60 Jahren noch einem neuen Beruf zu. Er eröffnete eine Drogerie.

Den Wunsch, selbst Schiffskapitän zu werden, gab K. daraufhin auf. Von anderen Berufswünschen, wie Lehrer oder Missionar, ließ er bald ab. Stattdessen begann er nach dem Besuch der Bürgerschule in Swinemünde auf Wunsch des Vaters eine Drogistenlehre in dessen Geschäft. Diese Ausbildung schloss er in Stettin ab. Nach kurzer beruflicher Tätigkeit in Elberfeld besuchte er, ebenfalls auf Wunsch des Vaters, 1887/88 einen zweisemestrigen Kurs an der Drogisten-Akademie Braunschweig. Er verließ die Akademie mit dem besten bis dahin je verliehenen Zeugnis und kehrte nach Swinemünde zurück. 1893 heiratete er seine Cousine Marie Wulff. Im selben Jahr meldete er, gemeinsam mit dem Vater, ein Patent (Nr. 71354) für einen Eisbrecher an. Dem Entwurf nach sollte das Eis nicht wie bekannt durch Auflaufen des Schiffes auf das Eis und damit das Eigengewicht des Schiffes gebrochen werden, sondern von einem pflugförmigen Bug gehoben und damit zum Brechen gebracht werden. Zudem sollte der Eisbrecher in Höhe der Wasserlinie beheizt werden, um ein Einfrieren des Schiffes zu verhindern. Nach dem Tod des Vaters 1895 war der Geschäftsbetrieb nicht weiter aufrechtzuhalten und K. verließ Pommern in Richtung Baden. In Mannheim eröffnete er eine Drogerie in der er neben dem üblichen Sortiment auch pharmazeutische Produkte aus eigener Herstellung wie ‚Kropp-Salbe‘ und ‚Kropp's Zahnwatte‘ vertrieb. Nach anfänglichem Erfolg erwies sich auch dieses Geschäft als unrentabel. Die Familie zog es um die Jahrhundertwende nach Neckargemünd und später nach Heidelberg. K. arbeitete dann deutschlandweit als Handelsvertreter eines Hamburger Pharmaunternehmens. Anschließend wurde er zunächst Werbebeamter bei der Pfälzischen Verlagsanstalt und dann Leiter einer Fachzeitschrift in Ludwigshafen – dort offenbarte sich sein verlegerisches und schriftstellerisches Geschick. So erreichte seine Werbeschrift ‚Merkbuch für die junge Mutter‘ eine Auflage von 700.000 Exemplaren. Zudem gab er eine mehrbändige über 6000 Spalten starke und reich bebilderte Kriegschronik zum Ersten Weltkrieg sowie den ‚Michel Kalender' – der später als Glücksbuch erschien – heraus. In den Kriegswirren 1917 starben innerhalb von nur fünf Wochen zunächst seine älteste Tochter Christliebe und dann seine Frau Marie an Unterernährung. Den Witwer zog es nach Heilbronn, wo er die Fachzeitschrift ‚Pilz- und Kräuterfreund' redigierte und Gedichte verfasste. 1918 heiratete K. seine zweite Frau Pauline aus Hessigheim, die – wie auch er – der Abstinenzbewegung nahestand. So engagierte sich K. in der Trinkerfürsorge und trat bereits 1900 dem ‚Deutschen Verein gegen Mißbrauch geistiger Getränke' sowie später dem ‚Deutschen Guttempler-Orden' bei. Auf einer Großlogensitzung des Ordens trug er 1912 erstmals seine Idee vor, ein Zwecksparsystem einzurichten, mit dessen Hilfe den Ordensmitgliedern der Bau von Eigenheimen oder ein Anspruch auf Altersheimplätze ermöglicht wird, um so der herrschenden Wohnraumnot entgegenzuwirken. Sein Antrag fand nicht die nötige Zustimmung. Jedoch waren in Folge des Ersten Weltkrieges das Defizit in der Wohnungsversorgung weiter gestiegen und Kredite für den privaten Hausbau kaum und – wenn doch – dann nur mit hohen Zinsaufschlägen von den Banken zu erhalten. K. präsentierte seine Ideen nun einem breiterem Publikum in seinem Werk ‚Aus Armut zum Wohlstand' (1920). Mit Gleichgesinnten gründete er im Sommer 1921 den Verein ‚Gemeinschaft der Freunde'. Auch hier war es das Ziel, Wohngelegenheiten und Altersheime zu errichten. Nicht einmal ein Jahr nach Aufnahme der Tätigkeit war der Verein aber auf Grund der seinerzeit herrschenden Hyperinflation gezwungen, die bereits eingegangenen Spargelder schnellstmöglich – teilweise unter Hinzuziehung des privaten Vermögens der Gründer – zurückzuzahlen und seine Arbeit einzustellen. K. kündigte daraufhin seine Anstellung in Heilbronn, um seine Idee des kollektiven Bausparens grundsätzlich neu zu überdenken. Bestärkt worden war er dadurch, daß die Bauernhaushälfte, die seine Frau im Januar 1920 im kleinen

Dorf Wüstenrot bei Heilbronn erwarb, ihnen über die Nöte der Hyperinflation hinweg half. Nach der Währungsstabilisierung 1923 fand am 16.02.1924 die Wiedereröffnungsversammlung des Vereins im alkoholfreien Speisehaus ‚Silberner Hecht' in Stuttgart statt. K. gelang es, seine Mitstreiter trotz der zuvor gemachten Erfahrungen erneut von seiner Idee des Zwecksparens zu überzeugen und die Bausparkasse ‚Gemeinschaft der Freunde Wüstenrot' (GdF) – heute als Wüstenrot bekannt – zu gründen. Ziel war nun nicht mehr die eigene Errichtung von Wohngelegenheiten, sondern die Finanzierung des Hausbaus mit Hilfe einer Sparergemeinschaft. Die stark vereinfachte Idee dahinter war folgende: Angenommen es sparen zehn Bauwillige, um Wohneigentum zu errichten. Wenn nun jeder individuell 1/10 der Errichtungskosten pro Jahr spart, ist er nach zehn Jahren in der Lage, ein Haus zu errichten. Sparen die Bauwilligen aber nun kollektiv, ist bereits nach einem Jahr der Bau eines Hauses möglich. Der erste Bauwillige erhält somit zu 1/10 die Rückzahlung seines Sparbetrags und über 9/10 ein Bauspardarlehen, das mit einer Hypothek auf das Haus gesichert ist. Im nächsten Jahr erhält der zweite Bauwillige zu 2/10 die Rückzahlung seines Sparbetrags und zu 8/10 ein Bauspardarlehen, usw. In jedem folgendem Jahr wäre der Bau eines weiteren Hauses möglich. Somit können beim kollektiven Bausparen 9 von 10 Bauwilligen früher bauen als beim individuellen Sparen. Da die Anspar-, Darlehens- und Tilgungssätze mit Vertragsabschluss festgelegt wurden, bestand vonseiten der Bausparkasse Planungssicherheit. Auf der anderen Seite konnte sich der Bausparer nahezu völlig gegen Veränderungen am Kapitalmarkt immunisieren und zugleich in den Genuss der gegenüber dem Kapitalmarkt bedeutend niedrigeren Darlehenszinsen kommen. Die Ermittlung der Darlehensempfänger erfolgte zunächst durch besonders werbewirksame, öffentliche Auslosungen – später erfolgte die Zuteilung nach ‚Schlüsselzahlen', die sich aus Sparbeiträgen, Zinsen und Vertragslaufzeiten ermittelten. Den ersten deutschen Bausparvertrag schloss am 07.04.1924 der Eisenbahnoberinspekteur Johannes Rau aus Heidenheim über 12.000 Goldmark ab. Das erste mit Hilfe der GdF finanzierte Haus wurde am 11.06.1925 eingeweiht. Der Sitz der Bausparkasse war zunächst in K.s Haus, wo er auch die unternehmenseigene Zeitschrift ‚Mein-Eigen-Heim' verfasste. Die Bausparkasse erfuhr eine solch rasante Entwicklung, daß selbst die angemieteten Räume im Wüstenroter Rathaus und der Erwerb eines zusätzlichen Hauses nicht für die stetig steigende Anzahl der Mitarbeiter ausreichten. So waren Ende 1925 bereits mehr als 10.600 Bausparverträge abgeschlossen und 76 Mitarbeiter eingestellt. Aufgrund der anhaltend positiven Entwicklung verlegte, die zwischenzeitlich in eine GmbH umgewandelte GdF, ihren Sitz im Mai 1930 in das etwa 35 km entfernte Ludwigsburg. K., der bis zum November 1925 als geschäftsführender Vorstand agierte und dann in den Aufsichtsrats wechselte, trat aus Protest gegen diesen – durchaus nötigen – Wegzug von allen Ämtern zurück. Die Idee K.s und der darauf beruhende Erfolg der GdF löste eine Welle von Bausparkassengründungen aus. So entstanden bis 1931 über 400, seriöse wie unseriöse, Bausparkassen in Deutschland. Eine dieser Neugründungen war die nun in Konkurrenz zur GdF stehende ‚Neue Bausparkasse', die K. unmittelbar nach seinem Ausscheiden aus der GdF in Wüstenrot gründete. Für seine damit gezeigte Verbundenheit zum Ort wurde er 1930 anlässlich seines 65. Geburtstages zum Ehrenbürger der Gemeinde Wüstenrot ernannt. Aufgrund großer Konkurrenz sowie Missmanagement innerhalb des Unternehmens ging die ‚Neue Bausparkasse' 1934 in Liquidation und K. zog sich aus dem Bauspargeschäft zurück. Fortan erhielt er von der GdF eine kleine Pension und vertrieb wieder seine ‚Kropp-Salbe'. In der Nacht vom 21./ 22.01.1943 starb er an Herzversagen. Der Pionier des deutschen Bausparwesens erhielt ein Ehrengrab auf dem Friedhof in Wüstenrot. In seinem Wohnhaus ist heute ein Bauspar-Museum eingerichtet.

**Quellen:** Landeskirchliches Archiv Greifswald, Kirchenbücher Swinemünde Bd. 3, 9, 18, 23, – Reichskanzler-Amte (Hg.), Alphabetisches Verzeichnis der Deutschen Kauffahrteischiffe nach dem Bestande am 1. Januar 1873, Berlin 1873. – Kaiserliches Statistisches Amt (Hg.), Statistik der Seeschiffahrt für das Jahr 1880, Berlin 1882 – Adolf Reitz, Georg Kropp der Führer der neuen deutschen Eigenheimbewegung. Ein Buch seines Werdens und erfolgreichen Wirkens, Stuttgart 1926.

**Werke (Auswahl):** Patent Nr. 71354, Eisbrecher mit in Höhe der Wasserlinie geheizten Wänden, 1893, gemeinsam mit Carl Kropp. – Merkbuch für die junge Mutter, Ludwigshafen (o.J.). – Deutsche Kriegs-Chronik des großen Völkerkampfes, gesammelt und bearbeitet von Georg Kropp, Ludwigshafen 1914–18. – Der Michel, Georg Kropps neuer, allgemeiner vaterländischer Volkskalender, Heilbronn 1919–23. – Aus Armut zum Wohlstand, Wüstenrot 1926 (erstmals 1920).

**Literatur:** Hans Jaeger, Kropp, Georg, in: NDB 13 (1982), S. 89–91. – Wilhelm Keil, Bausparkasse Gemeinschaft der Freunde Wüstenrot, Ludwigsburg 1954. – Eberhard Langer, Wüstenrot. Eine Idee setzt sich durch, Stuttgart 1965. – Ders., Georg Kropp, in: Lebensbilder aus Schwaben und Franken 15 (1983), S. 372–391. – Christoph Seeger, Georg Kropp und die Geschichte der Bausparkasse(n) in Wüstenrot, in: Wüstenrot. Geschichte einer Gemeinde im Schwäbisch-Fränkischen Wald, Wüstenrot 1999, S. 185–197. – Ders., Bauspar-Museum im Georg-Kropp-Haus Wüstenrot, Regensburg 2005.

Klemens Grube

**Bildnachweis:**
S. 25 oben: dpa Picture-Alliance; S. 37: Verband der Privaten Bausparkassen; S. 61 oben: Deutsche Seewarte, Jahrg. V. No. 306b, Hamburg 1880 (Quelle Deutsche Wetterdienst); S. 61 unten: Ostsee-Zeitung und Börsen-Nachrichten der Ostsee, Nr. 511 u. 547, 1880, (Quelle Universitätsbibliothek Greifswald); S. 63: Landeskirchliches Archiv Greifswald, Kirchenbuch der Kirchengemeinde Swinemünde, Taufen 1862 – 1871; S. 66 oben links: Adreß- und Geschäfts-Handbuch für Stettin, 1889, S.45 (Quelle Universitätsbibliothek Greifswald); S. 67 oben rechts: Adolf Reitz, Georg Kropp – der Führer der neuen deutschen Eigenheim-Bewegung, Weinsberg 1926, S. 64; S. 66 unten: Bildarchiv Herder-Institut Marburg, Bild-Nr. 145157; S. 69: Adolf Reitz, Georg Kropp – der Führer der neuen deutschen Eigenheim-Bewegung, Weinsberg 1926, S. 30; S. 70 u 71: Deutsches Patent- und Markenamt (Quelle DEPATISnet); S. 73: Wüstenrot Bausparkasse AG; S. 75 oben links: privat; S. 75 Mitte links: Volksstimme – Sozialdemokratisches Organ für Magdeburg und Umgegend, Nr. 279, 1899; S. 75 oben rechts: Johannes Gschiel, www.schildersammler.com; S. 75 unten: Wüstenrot Bausparkasse AG; S. 77: Adolf Reitz, Georg Kropp – der Führer der neuen deutschen Eigenheim-Bewegung, Weinsberg 1926, S. 129; S. 78 oben: Wüstenrot Bausparkasse AG; S. 78 unten: Psychiatrisch-neurologische Wochenschrift, 1908, H. 9–10, S. 474; Alle weiteren: Wüstenrot Bausparkasse AG